古代歷史文化研究輯刊

三 編

王 明 蓀 主編

第3冊

春秋、戰國時代生育及婚喪禁忌之研究

江 達 智 著

國家圖書館出版品預行編目資料

春秋、戰國時代生育及婚喪禁忌之研究／江達智 著—初版
— 台北縣永和市：花木蘭文化出版社，2010〔民 99〕
目 4+170 面；19×26 公分
（古代歷史文化研究輯刊 三編：第 3 冊）
ISBN：978-986-6449-85-7（精裝）
1. 生育習俗　2. 婚姻習俗　3. 喪葬習俗　4. 禁忌
5. 春秋戰國時代
538.82　　　　　　　　　　　　　　　98014103

ISBN - 978-986-6449-85-7

9 789866 449857

古代歷史文化研究輯刊
三 編 第三 冊　　　　　ISBN：978-986-6449-85-7

春秋、戰國時代生育及婚喪禁忌之研究

作　　者　江達智
主　　編　王明蓀
總 編 輯　杜潔祥
出　　版　花木蘭文化出版社
發 行 所　花木蘭文化出版社
發 行 人　高小娟
聯絡地址　台北縣永和市中正路五九五號七樓之三
　　　　　電話：02-2923-1455／傳真：02-2923-1452
網　　址　http://www.huamulan.tw 信箱 sut81518@ms59.hinet.net
印　　刷　普羅文化出版廣告事業
初　　版　2010 年 3 月
定　　價　三編 30 冊（精裝）新台幣 46,000 元

春秋、戰國時代生育及婚喪禁忌之研究

江達智　著

作者簡介

江達智，男，廣東蕉嶺人，1964 年生於台灣高雄縣。大學、碩士班分別畢業於國立臺灣大學歷史學系、國立成功大學歷史語言研究所。2003 年，獲國立臺灣師範大學歷史學系博士學位。目前擔任國立成功大學歷史學系助理教授，專長為中國上古史、中國古代生命禮俗史、中國道教史。

提　要

　　本文以生育、婚姻及喪葬等禮俗為範圍，探索春秋、戰國時代的禁忌事象。文分六章：第一章：緒論。分述研究動機、研究成果及研究方法。第二章：「禁忌」釋義。分別透過民俗學以及中國古代文獻中之記載，對禁忌加以定義。此外，並敘述禁忌施行的原則與功能。希望經由此三方面之敘述與探討，能對「禁忌」有所初步的概念與常識。第三章：春秋、戰國時代之生育禁忌。透過文獻資料之檢索，分別討論春秋、戰國時代生育前、懷孕及分娩期、產後等時期中的生育禁忌。第四章：春秋、戰國時代之婚姻禁忌。分別對於婚前、婚禮及因婚姻所造成之人際關係等三方面，來探討春秋、戰國時代的婚姻禁忌。第五章：春秋、戰國時代之喪葬禁忌。內容主要探討當時人們在死亡前、喪禮與葬禮以及葬禮後等時期所遵循的禁忌。第六章：結語。分別從「反映出當時的時代背景」「人文思想與禁忌的結合」及「禁忌流傳形態的轉變」等三方面，總結春秋、戰國時代生育及婚喪禁忌之特殊性與重要性。

目次

第一章　緒　論 ……………………………………… 1

　一、研究動機 …………………………………… 1

　二、研究成果及方法 …………………………… 3

第二章　「禁忌」釋義 …………………………… 7

　第一節　「禁忌」的定義 …………………… 7

　　一、中外民俗學者的解釋 ………………… 7

　　二、中國古代典籍對「禁忌」的記載 …… 10

　第二節　「禁忌」產生原因之探討 ………… 13

　第三節　「禁忌」施行的原則及其功能 …… 20

　　一、「禁忌」施行的原則 ………………… 20

　　二、「禁忌」的功能 ……………………… 22

第三章　春秋、戰國時代之生育禁忌 ……… 25

　引　言 ………………………………………… 25

　第一節　懷孕前之禁忌 ……………………… 27

　　一、夫妻關係的禁忌 ……………………… 28

　　二、無子的禁忌 …………………………… 30

　　三、求子的禁忌 …………………………… 32

　第二節　妊娠及分娩時之禁忌 ……………… 35

一、胎教的禁忌 ⋯⋯⋯⋯⋯⋯⋯⋯⋯⋯ 36

二、夢象的禁忌 ⋯⋯⋯⋯⋯⋯⋯⋯⋯⋯ 38

三、產房的禁忌 ⋯⋯⋯⋯⋯⋯⋯⋯⋯⋯ 39

四、難產的禁忌 ⋯⋯⋯⋯⋯⋯⋯⋯⋯⋯ 41

五、方位的禁忌 ⋯⋯⋯⋯⋯⋯⋯⋯⋯⋯ 42

六、生辰的禁忌 ⋯⋯⋯⋯⋯⋯⋯⋯⋯⋯ 44

第三節　生產後之禁忌 ⋯⋯⋯⋯⋯⋯⋯⋯ 47

一、產房的禁忌 ⋯⋯⋯⋯⋯⋯⋯⋯⋯⋯ 47

二、性別的禁忌 ⋯⋯⋯⋯⋯⋯⋯⋯⋯⋯ 49

三、胞衣的禁忌 ⋯⋯⋯⋯⋯⋯⋯⋯⋯⋯ 51

四、生辰的禁忌 ⋯⋯⋯⋯⋯⋯⋯⋯⋯⋯ 54

五、嬰兒聲形的禁忌 ⋯⋯⋯⋯⋯⋯⋯⋯ 56

六、收子的禁忌 ⋯⋯⋯⋯⋯⋯⋯⋯⋯⋯ 57

七、命名的禁忌 ⋯⋯⋯⋯⋯⋯⋯⋯⋯⋯ 59

小　結 ⋯⋯⋯⋯⋯⋯⋯⋯⋯⋯⋯⋯⋯⋯ 63

第四章　春秋、戰國時代之婚姻禁忌 ⋯⋯⋯ 67

引　言 ⋯⋯⋯⋯⋯⋯⋯⋯⋯⋯⋯⋯⋯⋯ 67

第一節　婚前之禁忌 ⋯⋯⋯⋯⋯⋯⋯⋯⋯ 69

一、男女有別的禁忌 ⋯⋯⋯⋯⋯⋯⋯⋯ 69

二、無媒的禁忌 ⋯⋯⋯⋯⋯⋯⋯⋯⋯⋯ 73

三、合婚的禁忌 ⋯⋯⋯⋯⋯⋯⋯⋯⋯⋯ 77

四、同姓不婚的禁忌 ⋯⋯⋯⋯⋯⋯⋯⋯ 83

第二節　婚禮之禁忌 ⋯⋯⋯⋯⋯⋯⋯⋯⋯ 89

一、婚期的禁忌 ⋯⋯⋯⋯⋯⋯⋯⋯⋯⋯ 89

二、親迎的禁忌 ⋯⋯⋯⋯⋯⋯⋯⋯⋯⋯ 98

三、婚禮不賀 ⋯⋯⋯⋯⋯⋯⋯⋯⋯⋯⋯ 100

四、廟見的禁忌 ⋯⋯⋯⋯⋯⋯⋯⋯⋯⋯ 102

第三節　人際關係之禁忌 ⋯⋯⋯⋯⋯⋯⋯ 103

一、夫妻間的禁忌 ⋯⋯⋯⋯⋯⋯⋯⋯⋯ 104

二、出妻的禁忌 ⋯⋯⋯⋯⋯⋯⋯⋯⋯⋯ 110

三、親戚間的禁忌 ⋯⋯⋯⋯⋯⋯⋯⋯⋯ 112

四、寡婦的禁忌 ⋯⋯⋯⋯⋯⋯⋯⋯⋯⋯ 113

小　結 ⋯⋯⋯⋯⋯⋯⋯⋯⋯⋯⋯⋯⋯⋯ 114

第五章　春秋、戰國時代之喪葬禁忌 ················· 117
　引　言 ··· 117
　第一節　死亡前之禁忌 ······················· 119
　　一、對死亡的忌諱 ··························· 119
　　二、對疾病的忌諱 ··························· 122
　　三、死得其所 ································· 124
　　四、全屍的禁忌 ······························ 126
　第二節　喪禮及葬禮期間之禁忌 ············· 127
　　一、喪禮中的禁忌 ··························· 128
　　　（一）招魂 ································· 129
　　　（二）斂 ··································· 130
　　　（三）踊、括髮及袒 ····················· 132
　　二、葬禮中的禁忌 ··························· 134
　　　（一）卜筮葬地及葬日 ··················· 134
　　　（二）明器與人殉 ······················· 137
　　　（三）葬禮中之祓除儀式 ················· 139
　　　（四）安葬時的禁忌 ····················· 143
　　　（五）鎮墓獸 ····························· 147
　第三節　葬禮後之禁忌 ······················· 149
　　一、服喪的禁忌 ····························· 150
　　二、祭祀的禁忌 ····························· 152
　　三、避諱 ··································· 154
　小　結 ··· 156
第六章　結　語 ··· 159
參考書目 ··· 163

第一章　緒　論

一、研究動機

　　「禁忌」為一社會風俗的現象，它是人們為了避免某種臆想的超自然力量或危險事物所帶來的災禍，從而對某種人、物、言、行的限制或自我迴避。〔註1〕舉凡人們日常生活中的食、衣、住、行，乃至於生命過程中之生、老、病、死等，無不籠罩於「禁忌」之下。

　　「禁忌」是一種源自於原始時代的文化現象，伍恩特（Wilhelm Wundt, 1832～1920）曾形容它是「人類最古老的無形法律，它的存在通常被認為遠比神的觀念和任何宗教信仰的產生還要早」。〔註2〕在原始社會時期，由於先民們相信冥冥中存在著神祕力量左右他們的吉凶，於是便產生了種種的「禁忌」規範，以便得以趨吉避凶。隨著風俗習慣的傳承，「禁忌」並不因為時間的綿延而消失。相反地，除了因原始信仰所產生的禁忌外，人們又經由許多生活的經驗，創造出更多的禁忌。

　　曾有學者形容人類和禁忌的關係，就如同蜘蛛和蜘蛛網的關係。〔註3〕蜘蛛為了生存，於是編織了蜘蛛網來獵取食物。但是，為了能捕捉到飛蟲，蜘蛛不得不靜靜地待在它所編的網中，行動不得自由；相同地，「禁忌」也是人們為了趨吉避凶而創造出來的，它「不但對於危害人身的事具有警示作用、

〔註1〕李緒鑒，《民間禁忌與惰性心理》，頁27。
〔註2〕引自佛洛伊德著，楊庸一譯，《圖騰與禁忌》，頁32。
〔註3〕參見李緒鑒，《民間禁忌與惰性心理》，頁7。

迴避作用，而且在巫術範疇中還可直接起到某種抵禦作用、扼制作用，以具保護的功能」，〔註4〕可見它對維繫人們的生活也有著一定的功效；然而，不可諱言的，禁忌也在某種程度上限制了人們的活動。

追本溯源，多數禁忌都起源於人對某種心造的神幻力量的莫名恐懼，都帶有人類孩提時代稚嫩認識的某些色彩。但在傳承過程中，這些被禁忌的事物或行為，會隨著人們認識能力的提高而逐漸被理解，於是就使禁忌的性質或表現方式發生一定程度的變異。〔註5〕例如，商王朝是一個高度敬事鬼神的時代，《禮記‧表記》便載道：

> 殷人尊神，率民以事神，先鬼而後禮。〔註6〕

由甲骨卜辭中所顯現出的種種禁忌看來，其隱藏在背後的正是鬼神觀念在作祟。但是，自西周建立以來，人文精神逐漸由萌芽進而茁壯。〔註7〕原先以鬼神崇拜為核心的禁忌，逐漸被士大夫階級的知識分子們義理化、道德化，甚至法律化、制度化之後寫進了典籍之中。

然而，鬼神崇拜的觀念並不因此而銷聲匿跡，它和人文思想成為影響禁忌的兩大精神支柱，而春秋、戰國時代正是這種現象最為明顯的一個時期。即如林明峪在《臺灣民間禁忌》一書中所說的：

> 由於我國人文思想與道德情操，早在春秋戰國之際已臻成熟，因此殷商周初以降尚鬼崇神的觀念，在上流士大夫中間乃逐漸沖淡而得到取代。從此禮俗的寖染與道德的滲透，乃將習俗中禁忌的成份改換成另一種面貌。〔註8〕

正因為許多的禁忌在春秋、戰國時代被義理化和道德化，所以若是從禁忌的角度來閱讀和整理先秦的典籍，相信必有助於我們探討古代社會制度和社會發展的演進；並且也有助於對民族文化的心理層面和古代的風俗情況，有更全面性的瞭解。因此，本文即試圖以春秋及戰國時代為斷限，來探討我國古代的禁忌。

〔註4〕任騁，《中國民間禁忌》，頁13。

〔註5〕楊宗、聶嘉恩、郭全盛主編，《中國實用禁忌大全》，頁9。

〔註6〕孫希旦，《禮記集解‧表記》，頁1198。

〔註7〕有關先秦時代人文思想的萌芽及茁壯之演變過程，可參考郭沫若，〈先秦天道觀之進展〉，收錄於《郭沫若全集歷史編第一卷——青銅時代》，頁317～376。傅斯年，《性命古訓辨證‧中卷》，收錄於《傅斯年全集第二冊》，頁265～373。

〔註8〕林明峪，《臺灣民間禁忌》，頁29，〈引言〉。

如前所述，禁忌的事項存在於人們日常生活中的各個層面，要全面地探討及研究，自非筆者能力所及。因此，僅將其討論的範圍局限於生育、婚姻及喪葬等三項人生大事之中。

生育、婚姻及喪葬禮俗，再加上成年禮，在民俗學上統稱爲「生命禮俗」，又可稱作「人生儀禮」或「通過儀禮」。它們是指人的一生當中，在不同的生活和年齡階段所舉行的不同儀式和禮節。它們的完成，象徵著一個人一生的完整結束，由此可見它們在人生中所佔的重要位置；而且「宗教所集中的對象，大部分是人生的重要事體：生育期、青春期、婚期與死期」，〔註9〕所以，用它們來作爲本文研究的範圍，應該是深具代表性的。然而，因爲有關成年禮的文獻資料較爲稀少，不易研究，因此乃從生育、婚姻和喪葬禮俗等三方面，探討春秋和戰國時代之禁忌習俗。

二、研究成果及方法

禁忌現象雖然滲透於人們生活的各個領域，但是眞正致力研究禁忌的學者，則爲數甚少。會造成如此的結果，主要有以下幾種原因：首先，許多禁忌建立在相信神靈和巫術觀念的基礎上，具有明顯的迷信色彩；其次，禁忌不但廣泛涉及各種民俗領域，而且很多禁忌中積澱著不同歷史時期的社會思想內容，情況紛繁，不根據一定專業知識很難予以解說。〔註10〕因此，許多學者對此一領域的研究大多望而怯步。

所幸近年來海峽兩岸對禁忌研究的風氣，有逐漸普遍的趨勢，有許多專書陸續出版。茲將這些著作羅列於下：

1. 林明峪，《臺灣民間禁忌》。
2. 趙建偉，《人世的"禁區"·中國古代禁忌風俗》。
3. 李緒鑒，《民間禁忌與惰性心理》。
4. 吳寶良、馬飛，《中國民間禁忌與傳說》。
5. 任騁，《中國民間禁忌》。
6. 楊宗、聶嘉恩、郭全盛主編，《中國實用禁忌大全》。

〔註9〕〔英〕馬林諾夫斯基著，李安宅譯，《巫術·科學·宗教與神話》，收錄於李安宅，《巫術的分析》，頁86。

〔註10〕任騁，《中國民間禁忌》，許鈺〈序〉，頁2。

7. 陳來生，《中國禁忌》。

8. 張寅成，《戰國秦漢時代的禁忌 —— 以時日禁忌為中心》。

這些著作對禁忌的研究，均有相當大的開創性與貢獻。它們不但對人生各種層面的禁忌搜羅詳盡，並且利用民俗學、民族學的研究成果作為輔證，來解釋各種禁忌形成的原因，而這些都是在探討春秋、戰國時代的禁忌時，可資參考及利用的。

然而，這些著作也存在著一些缺點，需要我們克服。首先，對春秋、戰國時代的禁忌討論較少；此外，除了張寅成《戰國秦漢時代的禁忌 —— 以時日禁忌為中心》一書外，其它大多是以民俗學的觀點來探討禁忌，因此在禁忌理論的敘述上雖尚屬完備，但是若以歷史的角度來檢視禁忌現象，則稍嫌不足。即如張寅成的著作，也僅著眼於時日禁忌的研究，其它形式的禁忌則付之闕如。因此，在春秋、戰國時代生育及婚喪禁忌的研究方面，仍有許多空間值得進一步探索。

瞭解了現有關於禁忌研究的成果及其缺點後，在探討春秋、戰國時代的生育及婚喪禁忌時，除了參考他們的研究成果外，尚有以下幾種方法是筆者所採用的：

首先，是要妥善地運用輔助科學的成果。禁忌原本是風俗的一種，對禁忌從事研究的學者，大多也是以民俗學的角度來探討。因此，民俗學有關禁忌的理論與研究成果，是值得我們參考的。此外，在考證古代各種禁忌現象和演變時，正如孟子所說的：

　　行之而不著焉，習矣而不察焉，終身由之而不知其道者，眾矣！〔註11〕

許多禁忌的成因是不易由文獻中搜尋得出的，特別是在春秋、戰國時代的禁忌，大部分均為知識分子們義理化和道德化的情況下，要想研究禁忌的成因更是困難。這時便不得不借助人類學、民族學和民俗學對原始民族的田野調查資料。

現有原始民族的許多習俗和心靈世界，是可作為研究古代社會的一面鏡子。因為經由人類學、民族學和民俗學者的研究顯示，「人類種族雖有不同，進化的途徑似乎並不殊異。現代原始社會不過人類在進化大路上步行稍落後者。他們現在所達到進化大路的地段，就是我們步行稍前的民族的祖先，在若干千萬年前，亦曾經過的地段。我們研究他們的現代史，頗可說明我們的

〔註11〕《孟子·盡心上》，頁229。

古代史」。〔註12〕因此，對這些原始民族的調查成果，足供我們參考利用。

其次，史學的研究應根植於史料的基礎上。因此，對春秋、戰國時代生育及婚喪禁忌作探討時，仍需從先秦典籍中檢索出有關禁忌的資料。然而，在先秦典籍爲當時知識分子們義理化和道德化，尤其是經過儒家學者整理後，要由其中搜尋有關禁忌的資料自是不易。但是，即如林明峪所說的：

> 到了農耕社會，禁忌的最大特色在於通過禮俗、法令將之合理化。
> 此期的禁忌已一分爲二，成爲禁條與忌諱兩條路線。「禁條」從口頭
> 上的禁制，到明文的禁令，最後演變爲現代社會制裁的法律。「忌諱」
> 則隨一地一時的風俗禮儀，仍大量地保留在人心深處，不時而又不
> 自覺地左右每個人的行爲動機。……因此當探討農耕的禁忌情形，
> 有必要將禁忌劃分出「禁條」與「忌諱」兩個部分。〔註13〕

春秋、戰國時代的禁忌正可分此二個部分來研究。而「禁條」部分在春秋和戰國時代大部分均納入「禮」的規範中。晏子曾經說道：

> 君子不犯非禮，小人不犯不祥。〔註14〕

不正是說明了春秋、戰國時代禁忌的實質所在。因此，在爬梳和整理先秦典籍時，除了先秦諸子的著述外，更可從三禮中搜集到大量被義理化、道德化的禁忌資料。

此外，許多考古發掘的資料，也可作爲研究春秋、戰國時代禁忌的參考。如各種墓葬的遺跡，對喪葬禁忌的研究有極大的幫助。而許多竹簡、帛書的資料，如長沙子彈庫所發現的《楚帛書》、湖北雲夢睡虎地和甘肅天水放馬灘所發現的《日書》，其中所記載的先秦禁忌更是包羅萬象。另外，由於漢代去古未遠，漢代人的一些著作，如《淮南子》、《風俗通義》、《論衡》以及各家經注，其中涉及禁忌者，亦可作爲研究的參考。

本文除緒論及結語，共分爲四章。以下便對各個章節之梗概略述如後：

第二章：「禁忌」釋義。分別透過民俗學以及中國古代文獻中之記載，對禁忌加以定義；此外，並敘述禁忌施行的原則與功能。希望經由此三方面之敘述及探討，能對「禁忌」有所初步的概念與常識。

〔註12〕李玄伯，《希臘羅馬古代社會研究序》，收錄於氏著，《中國古代社會新研》，頁2。

〔註13〕林明峪，《臺灣民間禁忌》〈引言〉，頁38。

〔註14〕楊伯峻，《春秋左傳注・昭公三年》，頁1238～1239。

　　第三章：春秋、戰國時代的生育禁忌。即透過對文獻資料之檢索，分別討論春秋、戰國時代生育前、懷孕及分娩期、產後等時期中的生育禁忌。

　　第四章：春秋、戰國時代的婚姻禁忌。分別對於婚前、婚禮以及藉由婚姻所造成之人際關係等三方面，來探討春秋戰國時代的婚姻禁忌。

　　第五章：春秋、戰國時代的喪葬禁忌。內容主要是探討春秋、戰國時代，人們在死亡前、喪禮與葬禮，以及葬禮後等時期之禁忌。

　　總而言之，從西周初年開始，萌芽於中國人內心的人文精神，發展到春秋、戰國時代，可說是蓬勃茁壯。然而，原始的宗教信仰並不因此而消失，它仍潛伏在一般大眾的心靈深處，即使是士大夫階級的知識分子，他們的思維也或多或少地受其影響。雖然，許多禁忌已被他們義理化和道德化，並納入到「禮」的範疇，但是從其中仍可發現許多禁忌的素材。因此，藉由春秋、戰國時代生育及婚喪禁忌的研究，不僅有助於我們探索古代社會文化制度和社會發展的脈絡；並且對我們研究民族文化、心理，以及古代風俗的情況，均有相當大的助益。此外，在閱讀和整理古籍時，也能增加另一種思考方式，擴展我們的視野。

　　有關禁忌的接觸及研究，筆者能力尚淺。因此，對於春秋、戰國時代生育及婚喪禁忌之研究，其中罅漏缺失之處在所難免，尚祈博雅君子不吝賜正。

第二章 「禁忌」釋義

在討論春秋、戰國時代的生育和婚喪禁忌之前，實有必要先將「禁忌」做些介紹，以期對其含義能有基本的認識。

首先，經由中外民俗學家的解釋和中國古代典籍的記載，對「禁忌」的定義做敘述；其次，則是探討「禁忌」產生的原因；最後，則介紹有關「禁忌」施行的原則及其功能。經由此三方面的綜述，希望對探討春秋、戰國時代生育及婚喪禁忌中之個別現象時，能有所助益。

第一節 「禁忌」的定義

「禁忌」是人類一種有趣的信仰習俗以及既神秘且帶有消極性的防衛現象。它像是一張無形的網，在世界各民族之間游蕩著，並且飄忽在人們日常生活的各種角落中。

然而，「禁忌」到底是什麼？這是首先需要探討的課題。

無庸置疑，「禁忌」是屬於風俗習慣中的一種現象，故有必要先從民俗學的角度，對「禁忌」的定義有所規範。此外，古代的中國人又是如何看待「禁忌」的呢？所以，檢索中國古籍中對「禁忌」的記載，也是定義「禁忌」時的重要途徑之一。因此，本節即由中外民俗學者的解釋和中國古代典籍的記載來討論。

一、中外民俗學者的解釋

「禁忌」一詞在西方人類學、民族學以及民俗學中，被稱之為「塔怖」(taboo

或 tabu）。它本是南太平洋波里尼西亞群島中東加島人的土語，而由英國航海家柯克船長（Captain James Cook 1728～1779）於第三次遠航返國時，帶回到歐洲的。〔註1〕

在東加島土人的生活中有許多奇異的現象，比如某種東西只允許特定的人物（如僧侶、國王、首長）使用，而不准一般人使用之；有些東西，只能有某種特定的用途，而不許用於一般目的；有些活動只允許某些人參加，而另一些人（如婦女）則不能參與。這種現象土人稱之為「塔怖」。後來經由人類學、民族學及民俗學者的研究發現，「塔怖」的現象普遍存在於世界各原始民族之中，甚至連現代人亦受「塔怖」的影響。於是，學術界便以「塔怖」做為此一現象的學術名詞。在中國，也存在著類似於「塔怖」的現象，且有特定的詞彙來稱呼它，這個詞彙便是──「禁忌」。

以下列舉數位學者對「禁忌」（塔怖）的論述，希望經由其中的觀點，能使我們清楚地看出「禁忌」的含義。

佛洛伊德（S. Freud 1856～1939）在其名著《圖騰與禁忌》中，曾對「禁忌」有詳細地陳述，他說：

> 「塔怖」（禁忌），就我們看來，它代表了兩種不同方面的意義。首先，是「崇高的」、「神聖的」，另一方面，則是「神秘的」、「危險的」、「禁止的」、「不潔的」。……所以，塔怖即意指某種含有被限制或禁止而不可觸摸等性質的東西之存在。〔註2〕

他並且進一步認為：

> 塔怖所代表的禁制和宗教或道德上的禁制並不一樣。它們並不建立在神聖的宗教儀式上而建立在自己本身上。它與道德上的禁制所不同的地方，主要是在於它並沒有明顯的、可以觀察到的禁制聲明，同時，也沒有任何說明禁制的理由。塔怖，既沒有理由也不知道它的起源。〔註3〕

至於，違反「禁忌」的結果如何？佛氏也有論述：

> 在早期，破壞禁忌所遭受的懲罰，無疑的，是由一種精神上的或自發的力量來控制：即由破壞的禁忌本身來執行報復。稍後，當神或

〔註1〕參考《簡明大英百科全書》第 17 冊，頁 479。
〔註2〕佛洛伊德著，楊庸一譯，《圖騰與禁忌》，頁 31。
〔註3〕同前註，頁 31～32。

鬼的觀念產生以後，禁忌才開始和它們結合起來，而懲罰本身也就
自動的附隨在這種神秘的力量上了。〔註4〕

由佛氏的陳述，我們大致可以定義：「禁忌」是指對含有「崇高的」、「神聖的」
或是「神秘的」、「危險的」、「禁止的」、「不潔的」等性質的人、事、物，被
限制及禁止去接觸它。然而，爲什麼被限制或禁止的原因和起源，則不易得
知。但是，對相信「禁忌」的人來說，違犯禁忌，必定會遭受懲罰。這種懲
罰的力量，可能來自「禁忌」本身，也可能來自於鬼神的降崇。

　　然而，「崇高的」、「神聖的」或是「神秘的」、「危險的」、「禁止的」、「不
潔的」等性質，指的又是什麼？弗雷澤（J. G. Frazer 1854～1941）對此曾有所
說明：

> （原始人）在他的腦子裡，對於聖潔和玷污等概念還不能區分得很清
> 楚。對他們說來，所有這些人的共同特點就是：他們都是危險的而且
> 正處在危險中。而他們所處的危險，和影響於別人的危險，則是我們
> 所應該叫做精神的或靈魂的，因此，也就是想像的危險。……因此，
> 把這些人們同其他人隔離開來，使那可怕的鬼魂的危險既不能接近
> 他，也不能從他們身上向四周擴散，就是他們必須遵守的禁忌行爲的
> 目的。那些禁忌行爲就好比電絕緣體，保藏這些人們身上所充滿的靈
> 性的力量，不使與外界接觸而遭受痛苦或貽害於人。〔註5〕

也就是說：凡是屬於「禁忌」的人、事、物，都是處在危險的狀態之中。因此，
一方面他們易於受外在邪力的侵襲；另一方面也畏懼他們本身所含的靈力會危
害一般人。人們對他們是又敬又畏，所以，需要將他們與一般人隔離開來。

　　至於，哪些特殊的人物是處於受禁忌的狀態中，而需受到禁忌的限制呢？
除了一些身份崇高的僧侶、國王和酋長外，馬林諾夫斯基（B. Malinowski）對
此也曾舉例說明：

> 相信許多儀式與信仰的核心都是人生的生理時期，特別是轉變時
> 期，如受孕、懷妊、生產、春機發動、死亡等時期，……必要持守
> 某項禁忌，奉行某種禮節。〔註6〕

〔註4〕佛洛伊德著，楊庸一譯，《圖騰與禁忌》，頁33。
〔註5〕弗雷澤著，汪培基譯，《金枝》，頁337。
〔註6〕馬林諾夫斯基著，李安宅譯，《巫術‧科學‧宗教與神話》，收錄於李安宅著
　　　譯，《巫術的分析》，頁100。

由此可見，一般人如置身於特殊的人生轉變時期之中，如生育、成年、結婚以及死亡，也都會受到禁忌所制約。

　　以上所舉，爲西方學者對「禁忌」所做的解釋。至於中國的民俗學家對「禁忌」，又有何定義呢？烏丙安認爲：

> 　　（禁忌）它是關於社會行爲、信仰活動的某種約束限制觀念和做法的總稱。……原意是指不能被普通人所接觸的有超自然靈力的人、物、地。這些事物之所以不能被普通人接觸，有兩種原因，一是被看作神聖物；二是被看作不潔或不祥物。……凡觸犯了禁忌，在迷信中都會認爲要招致禍災的。〔註7〕

陶立璠對此有更詳細的說明：

> 　　在民俗學研究中，「禁忌」既是專用的學術名稱，又指一種特殊的民俗事象。作爲特殊的民俗事象，禁忌包含兩方面的意義：一是對受尊敬的神物不許隨便使用……；二是對受鄙視的賤物、不潔、危險之物，不許隨便接觸。違反這種禁忌，同樣會招致不幸。禁忌在民俗傳承中，常被強調爲「禁止」或抑制。因爲一切被「禁忌」的事物，同時認爲是具有危險性的事物，如果誰違犯了禁忌，或遲或早會受到制裁和懲罰。這種制裁和懲罰不是當時生效，具有消極的性質。鑒於這樣的原因，禁忌常常被人們視爲約束自己行爲的準則，或稱其爲準宗教現象。〔註8〕

透過兩位中國民俗學者的陳述，相信我們對「禁忌」的定義，能有更清楚的認識。我們在此對「禁忌」之定義，再予以綜合敘述：「禁忌」，在人類學、民族學、民俗學中，常被稱爲「塔怖」。它既是一專門的學術名詞，又是一種特殊的民俗現象。意即指人們爲了避免因接觸到不應接觸的人、事、物，而受到災難及懲罰，因此在觀念和行爲上所採取的一種禁止及限制的方式，以祈避凶趨吉。

二、中國古代典籍對「禁忌」的記載

　　「禁忌」現象在中國的起源，有著相當久遠的時間。早在舊石器時代晚期山頂洞人的遺跡裡，通常在骸骨的周圍撒上含赤鐵礦的紅色粉末，以及新

〔註7〕烏丙安，《中國民俗學》，頁279。
〔註8〕陶立璠，《民俗學概論》，頁282。

石器時代仰韶文化半坡遺址的甕棺上留有的神秘小孔，有些學者即認為是由於禁忌所引起的葬俗。它們都是為了要讓死者的靈魂得到安寧，以避免某種恐懼的後果。〔註9〕

進入有文字的信史時代，文獻中有關禁忌事象的記載，更為俯拾即是。例如，商朝王室崇尚鬼神迷信，凡遇祭祀、出征、田獵、出入、年成、風雨、疾病……等等，常需要用火灼燒龜甲或獸骨，並根據甲骨的裂紋以卜測吉凶休咎，然後在甲骨上銘刻或書寫出占卜的事項及結果。從這些甲骨卜辭中，我們可以看出當時人們根據這些象徵吉凶禍福的裂紋，以決定行事的與否。「當巫與當事人或主導者想像代表凶險的裂紋和要進行的事項有聯繫時，於是就停止去做，以避免災禍，這就是一種禁忌現象」。〔註10〕

如前一小節中所言，「禁忌」在民俗學的學術名詞稱為「塔怖」。而在中國，與「塔怖」相對應的名詞即為「禁忌」。以下便試著討論「禁忌」一詞在古代中國文獻中記載的情況，藉此探討古人對「禁忌」的看法。

「禁忌」一詞，早在兩漢時代便已見諸史籍。《漢書‧藝文志》在論及九流十家時，對陰陽家有如下的敘述：

> 陰陽家者流，蓋出於義和之官，敬順昊天，歷象日月星辰，敬授民時，此其所長也。及拘者為之，則牽於禁忌，泥於小數，舍人事而任鬼神。〔註11〕

其中的「禁忌」，是目前文獻中最早出現的例子。此外，東漢人郎顗亦云：

> 臣生長草野，不曉禁忌，披露肝膽，書不擇言。伏鑕鼎鑊，死不敢恨。謹詣闕奉章，伏待重誅。〔註12〕

這兩段所引的「禁忌」，其含義與「塔怖」成為學術名稱之後的意義基本上是一致的，即表示「禁止」和「抑制」的意義。〔註13〕

然而，在此以前的許多中國古代的典籍中，亦不乏對「禁忌」的記載。茲舉例如下：

> （鄭厲公）問於申繻曰：「猶有妖乎？」對曰：「人之所忌，其氣燄以取之。妖由人興也，人無釁焉，妖不自作。人棄常，則妖興，故

〔註9〕 參見吳寶良、馬飛，《中國民間禁忌與傳說》，頁12。
〔註10〕 李緒鑒，《民間禁忌與惰性心理》，頁44。
〔註11〕 班固，《漢書‧藝文志》，頁458。
〔註12〕 范曄，《後漢書‧郎顗襄楷列傳》，頁284。
〔註13〕 參見任騁，《中國民間禁忌》，頁1。

有妖。」(《左傳・莊公十四年》)

天下多忌諱，而民彌貧。(《老子》第五十七章)

臣始至於境，問國之大禁，然後敢入。(《孟子・梁惠王下》)

入竟而問禁，入國而問俗，入門而問諱。(《禮記・曲禮上》)

入其國者從其俗，入其家者避其諱；不犯禁而入，不忤逆而進。(《淮南子・齊俗訓》)

嘗竊觀陰陽之術，大祥而眾忌諱，使人拘而多所畏。(《史記・太史公自序》)

這些文獻中所提到的「禁」、「忌」、「諱」和「忌諱」等，都含有和「禁忌」相同的意義。由此也可以得知「禁忌」風俗在春秋戰國乃至秦漢時代盛行的情況。

　　但是，中國古代的知識分子對「禁忌」的解釋又是如何呢？我們不妨試著由文字學的角度，來探討古人對「禁忌」的定義。

　　「禁忌」是由「禁」和「忌」兩個字所組合而成的。東漢學者許慎在其所著的《說文解字》一書中，對此二字有如下的解釋：

禁，吉凶之忌也。從示，林聲。〔註14〕

忌，憎惡也。從心，己聲。〔註15〕

「忌」字的意義，我們很容易明白，即為對自我心中所憎惡的事物，有所畏忌。至於「禁」的含義，由許慎所說的：「禁，吉凶之忌也。」和《周易・夬卦》孔穎達《疏》云：「忌，禁也。」〔註16〕得知「禁」和「忌」在意義上是有相通之處的。然而，「禁」字「從示」又代表著什麼含義？我們再看《說文解字》對「示」的解釋，即可明白：

示，天垂象見吉凶，所呂示人也。從二；三垂日月星也。觀乎天文，呂察時變。示，神事也。凡示之屬，皆從示。〔註17〕

從這段記載，很清楚地表明了「禁」是和「神事」，亦即與鬼神有關。

　　從以上的敘述，我們可以得出一個結論：做為風俗習慣的現象而言，「禁

〔註14〕漢・許慎撰，清・段玉裁注，《說文解字注・一篇上・示部》，頁9。

〔註15〕同前註，《說文解字注・十篇下・心部》，頁551。

〔註16〕《十三經注疏〔1〕周易・夬卦》，頁103。

〔註17〕同註14，頁2。

忌」一詞在古代中國知識分子們看來，它除了代表一種約定俗成的禁制力量，實際上也包含著兩種層面的含義，一是體現個體心理意願的自我「抑制」；另一方面則有群體（社會或宗教）對個體的「禁止」。〔註18〕從此一觀點而言，它和西方民俗學中「塔怖」所代表的意義，並沒有太大的差別。此外，由「人之所忌，其氣燄以取之。妖由人興也，人不釁焉，妖不自作」以及「天垂象見吉凶，所目示人也」等記載，亦可見古代中國人對「禁忌」的態度，在相當程度上，是與當時「鬼神信仰」和「天人感應」等思想有著密切的關係。這些都是在探討春秋、戰國時代生育及婚喪禁忌時，值得注意與留心的。

第二節　「禁忌」產生原因之探討

　　「禁忌」是人們為了避免某種臆想的超自然力量或危險事物所帶來的災禍，從而對某種人、物、言、行的自我迴避或限制。然而，誠如前引佛洛伊德的觀點，他認為禁忌「並沒有明顯的、可以觀察到的禁制聲明；同時，也沒有任何說明禁忌的理由。塔怖（禁忌），既沒有理由也不知道它的起源」。佛氏並引述伍恩特（Wundt）對禁忌的形容，伍氏「形容塔怖是人類最古老的無形法律，它的存在通常被認為遠比神的觀念和任何宗教信仰的產生還要早」。〔註19〕因此，想要探討禁忌產生的原因，絕非易事。

　　本節的重點，即是透過人類學、民族學和民俗學對「禁忌」的研究成果，綜合學者們的觀點，試圖為「禁忌」的起源尋找出一條較為適切的解釋。並且，結合中國古代文獻的記載，探索「禁忌」在中國的起源是否也有類似的途徑。

　　前引佛洛伊德在《圖騰與禁忌》一書中，曾說：

> 在早期，破壞禁忌所遭受的懲罰，無疑的，是由一種精神上的或自
> 發的力量來控制：即由破壞的禁忌本身來執行報復。稍後，當神或
> 鬼的觀念產生以後，禁忌才開始和它們結合起來，而懲罰本身也就
> 自動的附隨在這種神秘的力量上了。

以及伍恩特認為禁忌「是人類最古老的無形法律，它的存在通常被認為遠比神的觀念和任何宗教信仰的產生還要早」。從這兩段論述中，對我們討論「禁忌」產生之原因，有著相當大的啟發作用。

〔註18〕參見任騁，《中國民間禁忌》，頁3。
〔註19〕參見佛洛依德著，楊庸一譯，《圖騰與禁忌》，頁32。

人是群體的動物。由於和其它動物相比，人類的體力顯然是遜色許多。所以，在原始蠻荒的時代，人類獵取野獸，以獲得維持生命的所需。其所憑藉的除了運用智慧外，就是以群體的力量來從事狩獵的活動。在群體生活之中，爲了群體的合作，減少彼此的磨擦，原始人必得放棄一些個體的自由，遵從眾人的共同規定，以謀求團體的和諧，化解因紛爭所帶來的危險。這些共同的規定，可以說是最早的「禁忌」形式，也就是伍恩特所指稱的「人類最古老的無形法律」。

隨著人類智力的提昇，宗教觀念也逐漸地開展。由於和宗教觀念的結合，「禁忌」的產生也邁入了新的領域。然而，宗教觀念是如何產生？它和「禁忌」又有何關聯？

近代人類學家在研究宗教之起源時，認爲其中一個重要的動機就是來自人類對於自然的接觸、依賴及其由自然事物所得到的感受。遠古時代的人類，處於民智未開、蒙昧野蠻的狀態下，他們面對大自然的各種變化和事物，無不感到自身力量的渺小；加以他們生活衣食所需的種種均取給於大自然，於是原始先民便對大自然產生了崇敬的心理。此外，大自然中亦有許多現象，如暴風、驟雨、洪水、雷電等，均足以危害原始人的生命；而大自然中的毒蛇猛獸，一方面雖是原始人衣食的供應者，一方面也隨時可能威脅到他們的生命安全。因此，除了崇敬之情外，原始人對大自然亦產生了畏懼之心。

隨著對大自然懷有敬畏的心理，原始先民幻想冥冥中必存在著看不見的神秘力量。再加上他們「對於夢、異象、幻覺、中瘋及其他同類現象有了一致錯誤的解釋」，〔註20〕於是便產生了「靈魂觀念」。原始人將「靈魂觀念」與自然界中的神秘力量結合，於是產生了「萬物有靈」的觀念；也由此衍生出自然崇拜、祖先崇拜、圖騰崇拜以及鬼魂崇拜等信仰，並進而發展爲原始宗教。

據西方學者的研究考察，禁忌是與人類關於神靈之類超自然物的觀念同時產生的。〔註21〕誠如佛洛伊德所言：「當神或鬼的觀念產生以後，禁忌才開始和它們結合起來，而懲罰本身也就自動附隨在這種神秘的力量上了。」靈魂觀念產生之後，原始先民乃根據自身體驗去推斷自然界，將自然現象和自然力量逐漸加以人格化。如此一來，日、月、星、辰、水、火、雷、電等自

〔註20〕馬林諾夫斯基著，李安宅譯，《巫術・科學・宗教與神話》，頁81。
〔註21〕吳寶良、馬飛，《中國民間禁忌與傳說》，頁10。

然萬物無不具有靈魂的存在。而這些靈魂會給人們帶來福分，也能降下災禍。
為了免除危害而獲得福祐，原始先民便經由祈禳的方式，並且謹慎小心自己
的言行舉止，以避免觸怒神靈。由此，「禁忌」的形式，即從原始人群體的共
同禁規，滲透到了宗教思想之中，而產生了各種的禁忌，這也是「禁忌」產
生的最大途徑。

　　由前所述，「禁忌」的產生和宗教有著密切的關係。然而，「禁忌」在中
國產生的原因，是否也有類似的情形？《淮南子》中，有著以下的一段記載：

> 天下之怪物，聖人之所獨見。……夫見不可布於海內，聞不可明於
> 百姓，是故因鬼神磯祥而為之立禁。……此皆不著於法令，而聖人
> 之所不口傳也，……故託鬼神以伸誡之也。凡此之屬，皆不可勝著
> 於書策竹帛，而藏於官府者也，故以磯祥明之。為愚者之不知其害，
> 乃借鬼神之威以聲其教，所由來者遠矣。〔註22〕

由文中「因鬼神磯祥而為之立禁」的說法，即可明顯地看出：在中國古人的
心目裡，「禁忌」的產生，確實是與鬼神觀念有著極為密切的關係。

　　宗教之起源主要是因原始先民面對自然的力量與災害時，心生敬畏之情
所致。在中國，也有著類似的情形。遠古時代生活在中國大地的人們，亦同
樣不斷遭受到大自然中天候與禽獸的威脅。例如《孟子·滕文公上》即云：

> 當堯之時，天下猶未平，洪水橫流，氾濫於天下。草木暢茂，禽獸
> 繁殖。五穀不登，禽獸偪人，獸蹄鳥跡之道，交於中國。

《韓非子》亦云：

> 上古之世，人民少而禽獸眾，人民不勝禽獸蟲蛇。〔註23〕

可見，當時大自然對人們的威脅，是如何之大。於是，隨著「靈魂觀念」的
產生，人們便衍生出自然崇拜、鬼神崇拜，以及祖先崇拜等原始宗教。而這
些思想，即使到了春秋、戰國之時，仍是禁忌產生的重要因素。以下，即由
此三方面，探討它們對春秋、戰國時代禁忌產生的影響。

一、自然崇拜

　　自然崇拜的對象，包括大自然中的各種現象，以及其中的動植物等。在

〔註22〕《淮南子·氾論訓》，頁231～232。
〔註23〕清·王先慎，《韓非子集解·卷第十九·五蠹》（《無求備齋韓非子集成〔23〕》），
　　　　頁658。

自然現象方面，春秋戰國時的人，往往將天上的各種星象變化、雲雨變異與人世間的事象相聯繫。每逢遭遇這些異象，人們均不宜有重大活動，以示哀順變。如《左傳・昭公十年》載道：

> 十年春王正月，有星出于婺女。鄭裨竈言於子產曰：「七月戊子，晉君將死。」……（秋七月）戊子，晉平公卒。

《禮記・玉藻》也有同樣的記載：

> 若有疾風迅雷甚雨，則必變。雖夜必興，衣服冠而坐。

均足以看出當時人們對天象的嚴肅態度。

至於，動植物方面，東周時代的人對它們的態度，也可由以下的記載透露些端倪。例如，《國語》：

> 趙簡子歎曰：「雀入于海爲蛤，雉入于淮爲蜃，黿鼉魚鼈，莫不能化，唯人不能。哀夫！」〔註24〕

已見人們體認自身力量之微，並對其它動物具有敬羨之情；此外，有些禽獸甚至可以加害於人。如《山海經》云：

> 北嶽之山，……有獸焉。其狀如牛，而四角、人目、彘耳。其名曰諸懷，其音如鳴鴈，是食人。〔註25〕

由此可知，春秋戰國時代的人，因對自然仍有著敬畏之心，進而影響著當時的禁忌內容。其中最佳的例子，莫過於雲夢睡虎地秦簡中的《日書》。在《日書》中記載了眾多的禁忌事項，而這些禁忌之所以產生的最大原因，似可歸因於秦人所處之自然環境。秦雖擁有岐西之地，但是「自然的威脅，雍城周圍以外大多還是荊棘叢生，異獸出沒之地，各種疾病也不時襲擊著秦人的生存，……這類簡文俯拾即是。反映到宗教觀念上，就勢必對周圍許多現象產生恐懼與禁忌」。〔註26〕可見，自然崇拜對禁忌的產生，絕對有著相當大的影響力。

二、鬼神崇拜

春秋戰國時代的鬼神崇拜，絕非突如其來的。即以文字記載而言，殷商

〔註24〕《國語・晉語九・竇犨謂君子哀無人》，頁498～499。

〔註25〕袁珂，《山海經校注・北山經》，頁77。

〔註26〕王桂鈞，〈《日書》所見早期秦俗發微——信仰、習尚、婚俗及貞節觀〉，《文博》1988年第四期，頁65。

時代就已是一個高度敬事鬼神的時代。《禮記‧表記》即云：

> 殷人尊神，率民以事神，先鬼而後禮。

到了春秋戰國時代，尚鬼崇神的觀念雖已開始爲日益興盛的「禮」所沖淡。但是，人們也並沒有就此放棄鬼神的觀念。當時人們的思想，只不過是力圖將禮與敬事鬼神二者融合爲一。正如馬曉宏所說的：

> 周人與天地鬼神的關係不像殷商時代依附的那樣緊密，但周人尊禮，在禮中建立了人與天地鬼神的新關係。〔註27〕

此外，在春秋、戰國的典籍中，我們仍可檢索出許多和鬼神信仰有關的記載。例如，《左傳‧昭公元年》載子產之言曰：

> 山川之神，則水旱癘疾之災，於是乎榮之；日月星辰之神，則雪霜風雨之不時，於是乎榮之。

又，《左傳‧昭公七年》：

> 子產適晉，趙簡子問焉，曰：「伯有猶能爲鬼乎？」子產曰：「能！人生始化曰魄，既生魄，陽曰魂。用物精多，則魂魄強，是以有精爽至於神明。匹夫匹婦強死，其魂魄猶能馮依於人，以爲淫厲，況良宵，……其取物也多矣，其族又大，所馮厚矣，而強死。能爲鬼，不亦宜乎！」

《墨子》亦云：

> 自古以及今，生民以來者，亦有嘗見鬼神之物、聞鬼神之聲，則鬼神何謂無乎？〔註28〕

這些都是當時知識份子對鬼神存在的論據，甚至如子產亦認爲「水旱癘疾之災」、「雪霜風雨之不時」，均爲鬼神所爲，人們需要以祭祀的行爲來取悅他們，以便免除其災。而在秦簡《日書》中，對鬼神作祟的記載，更爲俯拾即是。例如：

> 一宅之中毋（無）故室人皆疫，多瞀（夢）米（寐）死，是是匀鬼貍（埋）焉。其上毋（無）草，如席處。……人毋（無）故一室皆疫，或死或病，丈夫女子隋（墮）須（鬚）嬴髮黃目，是宎宎人生爲鬼。〔註29〕

〔註27〕馬曉宏，《天‧神‧人——中國傳統文化中的造神運動》，頁66。
〔註28〕張純一，《墨子集解‧卷八‧明鬼下》（《無求備齋墨子集成〔23〕》），頁290。
〔註29〕睡虎地秦墓竹簡整理小組編，《睡虎地秦墓竹簡‧日書甲種‧詰》，頁212。

可見，鬼神崇拜的信仰，也是春秋、戰國時代禁忌產生的重要因素之一。

三、祖先崇拜

祖先崇拜嚴格說來，應屬於鬼神崇拜的一支，有時甚至和自然崇拜也有些關聯。然而，由於慎終追遠的孝道思想，是中國人固有的傳統精神。因此，我們將其獨立於鬼神崇拜以及自然崇拜之外，試著討論其對禁忌的影響。

早在殷商時代，人們已普遍相信人死後有靈魂的存在。他們相信自己的親人死後，其靈魂仍不時地眷顧著子孫們。因此，通過祭祖的儀式，盼能獲致祖先們的護佑；並且，經由祖先們的媒介，請求上帝爲他們降下更多的福祉。然而，他們也相信祖先們亦會給子孫們帶來災禍，我們可以從甲骨文中找到許多這類的例子。如：「貞王夢，隹大甲」、「王夢，隹妣己」，這些都是「殷人以爲所以有夢者，皆由於先王先妣之作祟」；〔註30〕「貞王疾，帚（婦）好不隹（唯）孽」、「□寅卜，王疾，帚□屮（有）古（故）」，此爲「貞王之患病，是否爲王之后妃作孽作故」。〔註31〕這些禍祟，殷人以爲皆由於先公先王或先妣等人所爲。因此，殷人爲了取悅祖先，防止他們降祟於子孫，必定會遵守一些禁忌的規範，以免觸怒了先祖。

到了周朝建立之後，周人鑒於殷周興亡之教訓，人文精神因之逐漸興起，鬼神崇拜的思想轉趨衰退。尤其是在春秋、戰國時代，誠如林明峪所說：

> 由於我國人文思想與道德情操，早在春秋戰國之際已臻成熟，因此殷商周初以降尚鬼崇神的觀念，在上流士大夫中間乃漸沖淡而得到取代。〔註32〕

但是，隨著人文精神與道德情操的浸染，孝道觀念經由儒家等學者的鼓吹，使得祖先崇拜之觀念反趨高漲。當時人們對祖先的祭祀極爲重視，除了祈求福佑外，更大的目的，可能仍是畏懼祖先們會因不悅而給他們帶來災禍，故思藉著虔誠豐盛之禮，而求避禍邀福。就這一層面而言，祖先崇拜仍含有禁忌的性質。只不過這種性質爲知識份子們的義理化和道德化所文飾了。然而，在某些較爲落後，儒家學說影響不大的地區，仍可看到祖先崇拜的原始面貌。

〔註30〕參見胡厚宣，〈殷人占夢考〉，收錄於氏著，《甲骨學商史論叢·初集（下）》，頁458～461。

〔註31〕胡厚宣，〈殷人疾病考〉，收錄於氏著，《甲骨學商史論叢·初集（下）》，頁431。

〔註32〕林明峪，《臺灣民間禁忌》，頁29。

《日書》中的一些記載，如：

> 甲乙有疾，父母爲祟；……丙丁有疾，王父爲祟；……戊己有疾，
>
> 巫堪行，王母爲祟。〔註33〕

均可看出秦人認爲自己的父母、祖父母，甚至高祖父母〔註34〕等祖先，都會經常作祟，危害於子孫。由此，可以得知即使到春秋、戰國之時，祖先崇拜仍是禁忌產生的一大途徑。

「在社會意識中，傳統的人生觀總是和人們的吉凶禍福觀念有直接關係，特別是一些宗教派生出來的迷信觀念」。〔註35〕因此，我們將禁忌產生的原因歸因於自然崇拜、鬼神崇拜與祖先崇拜等宗教信仰，在某種程度上而言，應不會有太大的問題。

然而，我們在研究禁忌習俗時，不應將其僅視爲一種孤立的文化現象，而應看作是一種文化的過程。故將禁忌宗教化，僅是著重於原始宗教與早期禁忌的發展情況。隨著人類文化的提昇，許多基於經驗以及社會制度的禁忌，即在這種情形下被創造出來了。於是，在中國古代典籍裡，禁忌是具有廣泛含義的，它是約束規定社會行爲、信仰行爲的觀念及措施的總稱。而且，隨著中國人文思想的發展，道德和倫理觀念必定會滲入禁忌的範疇之中。因此，春秋、戰國以降，對禁忌現象加以義理化，即是無法避免的。東漢思想家王充便將禁忌劃分爲「義理之禁」和「吉凶之忌」，〔註36〕就是在這種情形下所產生的。

但是，誠如前引《淮南子·氾論訓》之言：

> 天下之怪物，聖人之所獨見，……。夫見不可布於海內，聞不可明
>
> 於百姓，是故因鬼神機祥而爲之立禁。

一般百姓不了解禁忌所蘊藏的眞正道理，故知識份子們仍以宗教、鬼神的力量，恫嚇他們遵守禁忌。即使批判禁忌不遺餘力的王充也要說：

> 夫忌諱非一，必託之神怪，若設以死亡，然後世人信用畏避。〔註37〕

所謂的「神道設教」，其意義也應可如此解釋。因此，本節對禁忌產生的原因，僅限於討論其宗教性質。至於其它原因，則在討論個別禁忌現象時，再予以說明之。

〔註33〕同註29，《日書甲種·病》，頁193。

〔註34〕參見《睡虎地秦墓竹簡·日書乙種》，頁245。

〔註35〕烏丙安，《中國民俗學》，頁183。

〔註36〕參見黃暉，《論衡校釋·四諱篇》，頁970。

〔註37〕同前註，頁979。

第三節　「禁忌」施行的原則及其功能

在前面的兩節中，我們分別討論了禁忌的定義及其產生的原因。相信對禁忌的基本概念，已經有了初步的認識。本節的範圍，則是著重於禁忌施行的原理及其功能之探討。希望藉由分析禁忌施行的原理，使我們在研究春秋、戰國時代生育及婚喪等禁忌現象時，對其個別產生的原因，能有一些思考的憑藉；此外，透過對禁忌功能的介紹，亦能使我們不致將禁忌一律以迷信視之，其中仍是有其合理性的。

一、「禁忌」施行的原則

做為一種特殊的文化現象而言，「禁忌」在時間和空間上有其變異性。但是，毫無疑問的，趨吉避凶、抑除不祥始終是禁忌的核心。就「禁」字的含義來說，本身就有「防」的意思。「防」者，防患於未然也；亦即防範禍患及凶兆，不使其發生之意。這種趨吉避凶、防止災禍的方法，對原始先民來說即是一種「巫術」的手段。

曾有學者在研究禁忌和巫術的區別時，認為：

> 凡積極地說，「這樣幹」「那樣幹」，以便得到所希冀之結果的，就叫做巫術。……凡消極地說，「勿這樣幹」「勿那樣幹」，以免得所恐懼之結果的，就叫做禁忌。……所以巫術和禁忌，同實而異名，是一件東西之積極和消極兩方面。〔註38〕

也就是把「禁忌」視為「消極的巫術」。〔註39〕而在迷信巫術的社會裡，「禁忌」所扮演的角色也愈形重要。因為人們相信若是違犯了禁忌，非但違犯者自己認為必受應有的懲罰；且其行為所造成的禍害，甚至會危及整個群體，因此其他人也會對違反禁忌的人施以嚴酷的刑罰。除此之外，他們也會透過一些袚禳的巫術行為，以便消除因觸犯禁忌所可能引發之災害。因此，即有學者認為：「禁忌之所以具有心理信仰、習慣勢力、群體趨同力所凝匯成的巨大驅策力量，很重要的一點就是因為它常與原始巫術中企圖控制厄運與好運的觀念及手法相聯繫，以維護社會心理上美的東西不被破壞，保障人們自身

〔註38〕李安宅，《巫術的分析》，收錄李安宅著譯，《巫術的分析》，頁4。
〔註39〕任騁於《中國民間禁忌》亦云：「巫術中能夠避凶趨吉，化險為夷的形式很多，禁忌只是其中之一。禁忌是消極巫術，是以消極的無行為表現的方式避開禍端的一類巫術。」（頁18）可資參考。

的利益」。〔註40〕

所以，當我們在研究禁忌之時，勢必不能忽視它和巫術之關係。而古代中國的社會，也是一個巫風瀰漫的時代。因此，在探討春秋、戰國的生育及婚喪習俗中之禁忌現象的成因時，除了以一些科學的眼光來討論外，也需要運用巫術的原則，才能對其蘊藏在禁忌現象背後的成因，有所正確且全面性的瞭解。故我們可以借用巫術的觀念，來探討禁忌施行的原則。

巫術以其施行的原則而論，一般將其分為兩種：一為「感致巫術」；二為「染觸巫術」。弗雷澤對此二者，曾有詳細之論述，其言曰：

> 分析巫術賴以建立的思想原則，便會發現它們可以歸結為兩個方面：第一是「同類相生」或果必同因；第二是「物體一經互相接觸，在中斷實體接觸後還會繼續遠距離的互相作用」。前者可稱為「相似律」，後者可稱作「接觸律」或「觸染律」。巫術根據第一個原則即「相似律」引申出，他能夠僅僅通過模仿就實現任何他想做的事；從第二個原則出發，他斷定，他能夠通過一個物體來對一個人施加影響，只要該物體曾被那個人接觸過，不論該物體是否為該人身體之一部分。〔註41〕

由弗氏的論點來看，根據「相似律」而起的巫術，就是所謂的「感致巫術」，它是基於聯想的誤用。依據「同能致同」的原理，以為相似的東西，都具有同樣的性質，能造成同樣的結果；根據「接觸律」而起的巫術，則是所謂的「染觸巫術」，它也同樣是聯想的誤用，以為凡是曾接觸過的東西，便永遠保持互相影響的關係。

既然，「禁忌」又被視為消極的巫術，所以巫術施行的原則——「相似律」和「接觸律」，亦可當作禁忌的施行原則。關於此一觀點，以下之陳述可資參考：

> 交感巫術不只包括肯定的教訓，且也包括很多否定的教訓，那就是「禁令」。肯定的教訓是符咒，否定的教訓是禁忌。實際說起來，禁忌的全體教旨（不然也是大部分的教旨），似乎不過是根據交感巫術之相似、接觸兩大律而有的特別應用。這些律，固然沒有許多文字來編定過，也沒有在蠻人的心目中來抽象地理會過，然而他卻默默地相信它們管理大自然的運行，而且與人的意旨不相繫屬。他相信如按某種方法去做，就有某種結果根據二律之一，因緣而致；若某種結果似乎危

〔註40〕陳來生，《中國禁忌》，頁5。
〔註41〕弗雷澤著，汪培基譯，《金枝》，頁21。

險或不如意，他便注意避免某種方法，以免招致不利的事。換言之，根據他所誤認的因果律，凡以爲有害的他都不做，而將自己屈服於禁忌。因此禁忌便成爲應用巫術的一種否定的應用。〔註42〕

由此可知，我們將交感巫術的「相似律」和「接觸律」，亦即「感致巫術」與「染觸巫術」運用在禁忌的施行原則，應該是沒有太大的問題。〔註43〕

二、「禁忌」的功能

　　無可諱言的，「禁忌」的背後總是蘊含著一種空幻的心靈，是用抑制「自我」的方式以達到對自然的乞求與希冀的目的。實際上，「禁忌」本身便是一種消極的巫術。在生產落後、生活貧困及人們無法充分掌握自己命運的條件下，「禁忌」具有極強的心理麻痺作用。人們往往將嚴格遵從某種禁忌想像爲改善環境、遇難呈祥的手段。特別是在「原始時代，『禁忌』往往爲種族生存提供了一系列的迴避辦法，否則觸犯者的觸犯行爲將導致全族的災厄。換句話，愈無個人及個性的社會，禁忌愈多；禁忌愈多，個人的個性愈受規範，禁忌的影響力也就相形愈大。在此環境下，絕大部分的人就習慣於遵從傳統風俗裡的禁忌事項，就像隨波逐流的魚群一樣」。〔註44〕

　　此外，禁忌雖然是人們在自然壓迫下的產物，其中含有恐懼、愚昧及迷信的成份；但它同時也有著人類於漫長的探索中，在生產與生活上所獲致的經驗結晶。因爲禁忌在傳承的過程中不斷發生嬗變，那些屬於人們在曚昧階段而產生的禁忌，會隨著人類智力的增加與認識能力的提昇，使原有的神秘性或宗教色彩逐漸退化；而那些經由人們驗證、確有科學道理，且有助於維護社會秩序與倫理道德的禁忌，則往往成爲風俗習慣、禮儀禮節與法令規章，成爲人們所遵守的行爲準則。但是，誠如李緒鑒所言：

　　禁忌的傳承，首先是以對鬼神祖靈的迷信心理爲基礎、爲前提

〔註42〕弗雷澤著，李安宅譯，《交感巫術的心理學》，收錄於李安宅著譯，《巫術的分析》，頁27。

〔註43〕關於由「相似律」和「接觸律」而來的「感致巫術」與「染觸巫術」，中國古典中亦有所記載。如《呂氏春秋‧有始覽‧應同》云：「類固相召，氣同則合。」和「感致巫術」的理論是相通的；《論衡‧感虛篇》所言：「湯遭七年旱，以身禱於桑林，自責以六過。……於是剪其髮，麗其手，自己爲牲，用祈福於上帝。」商湯用其髮、指爪求雨，很明顯的，是具「染觸巫術」的性質。

〔註44〕林明峪，《臺灣民間禁忌》，頁38。

的。……盲目從眾、固守傳統的惰性心理呈現出習慣態勢之後，便會處處、事事處於心理守勢，而失去了人的建設性、創造性和開拓性的思維能力。〔註45〕

因此，即使某些禁忌確實含有科學性，但是經由禁忌的形式表現出來之後，往往將其附隨在神祕的鬼神思想之中，使得原有的科學性無法確實的展現。故就某種程度上而言，「禁忌」在人類科學的發展上，是具有阻礙性的。

然而，若是「禁忌」所具有的功能僅有負面性，則即使有著鬼神思想等神秘力量的威脅，仍是無法使它千古相傳、深入人心的。禁忌之所以能夠一代一代的傳承下來，其中確實有它的合理性和實用性。而且，當這些科學上的成份染上一層信仰的色彩時，其所具有的力量則更為強大。以下便試著對禁忌的正面性功能，略加敘述：

（1）自我保護的功能

這是禁忌最基本的功能。趨吉避凶、遇難呈祥一直是人們心中所追求的。當細究種種的禁忌時，不難發現其內涵其實都是出於自保的心理。為了趨祥避災、逃開禍患，遂有了或以鄉規民俗，或以習俗禮儀，或以神秘巫術等形式的禁忌出現。它往往在其周圍製造出神秘的氣氛，使它像是警鈴一般，不斷地提醒人們小心行事，否則將導致災厄，受到懲罰。其自保的對象，非但指個人而言，社會的和諧甚至國家的興廢存亡，也都包含在保護的範圍中。

（2）行為規範的功能

「禁忌的最初形成，大都出於某種功利的目的，是用來規範人們的思想、道德和行為的」。〔註46〕同時，隨著文化形態的改變，禁忌也慢慢地脫離了鬼神迷信而獨立。它逐漸發展成為一種習慣、傳統，最後甚至變成了法律。而這種習慣、傳統和法律，無不規範著人們的行為與思想。它們不但教化著人們的行為規範，甚至影響人們的價值和行為取向。「大凡人的是非感、美醜感、榮辱感等心態以及倫理道德等人性的評判尺度，無不體現在禁忌事象之中」。〔註47〕

（3）社會整合的功能

禁忌是原始社會唯一的約束力量，也是以後人類社會中所有帶有規範性質的事物之總源頭。正如恩斯特‧卡西爾所說的：

〔註45〕李緒鑒，《民間禁忌與惰性心理》，頁63～65。

〔註46〕吳寶良、馬飛，《中國民間禁忌與傳說》，陶立璠〈序〉，頁2。

〔註47〕同前註，頁50。

禁忌體系儘管有其一切明顯的缺點，但卻是人迄今所發現的唯一的
社會約束和義務的體系。它是整個社會秩序的基石，社會體系中沒
有哪個方面不靠特殊的禁忌來調節和管理的。〔註48〕

禁忌就像是人際交往中的屏障一般，對人們在不同的環境和場合，與不同層
次的人打交道時，瞭解有關的禁忌習俗，實關係著與人交往的成敗與否。因
為，它在人與人、人與社會之間有著調和的作用。特別是在家庭、親戚之間，
法律鞭長莫及，此時便完全由禁忌來限制、調節的。這便看出禁忌有著社會
契約的作用，有著與法律類似的作用。〔註49〕

從上述的三種禁忌的功能看來，禁忌除了神秘的、迷信的內涵外，仍具
有許多科學的、道德的、以及倫理的因素。因此，當我們面對禁忌時，仍須
肯定其正面的意義，不應全以迷信、愚昧視之。此外，對歷史研究而言，禁
忌的最大功能，還在於透過貫穿在生育、婚姻、喪葬、歲時節令等一切風俗
之中的禁忌習俗，瞭解其隱藏在表象之後的具體內涵及意義，如此才能正確
地理解禁忌的產生、演變和發展的情形，對文獻中的許多記載才有更深一層
的認識。這也正是本文寫作的最大目的。

〔註48〕 恩斯特‧卡西爾著，甘陽譯，《人論》，頁158。

〔註49〕 有關禁忌的功能，尚可參考任騁，《中國民間禁忌》，頁12～15、吳寶良、馬
飛，《中國民間禁忌與傳說》，頁49～54、及李緒鑒，《民間禁忌與惰性心理》，
頁145～157。

第三章　春秋、戰國時代之生育禁忌

引　言

　　生育是賦予一個人生命的開始，也是生命禮俗中第一個重大的關口。因此，生育一直爲人們所重視。經由生育，非但能夠繁衍後代子孫，使人類得以綿延不絕；也可使人類智慧藉著人種的接續而傳遞下去，使社會更加進步。

　　檢視文獻中的記載，古代的中國人對「生」的觀念，向來極爲注重。做爲中國傳統思想重要基礎的經典——《易經》，即主張「生生之謂易」〔註1〕以及「天地之大德曰生」，〔註2〕都是強調生生不息的道理。由此可知，「生」的觀念亦可作爲中國傳統思想的重要元素之一。就人類而言，要能夠生生不息，繁衍種族，就是靠著生育的方式來達成的。

　　中國古代以農業爲經濟的重心，在科學技術不發達的時代裡，農業生產需用大量的人力，故「多子多孫」的觀念，便深入一般人的思想之中。從周代的青銅器銘文中，不難發現「子孫其永保」、「其萬年子子孫孫永保用」的字句，便可看出子孫觀念產生之早。

　　這種企求後代繁衍的「子孫觀念」，溯其淵源，至少可推至殷商時代。在甲骨文中，即有許多關於「多子」、「多子孫」、「多子女」、「孫」、「子孫」的刻辭。胡厚宣即認爲：

　　　　殷人多妻，所以廣嗣重祖，故子女、子孫之觀念，極爲發達。〔註3〕

〔註1〕　《十三經注疏〔1〕周易·繫辭上》，頁149。
〔註2〕　《十三經注疏〔1〕周易·繫辭下》，頁166。
〔註3〕　胡厚宣，〈殷代婚姻家族宗法生育制度考〉，收錄於氏著《甲骨學商史論叢·

降至春秋、戰國時期，「子孫觀念」仍極爲盛行。加以當時是所謂「高岸爲谷，
深谷爲陵」，社會變動極爲快速的時代。人們不但希望子孫能夠延續，不致遭
受毀家滅族之運，使先祖們得以享受歆祀；更祈求自己的子孫能夠維持家勢
於不墜或使家族得以興盛崛起。因此，當時人們對生育的態度，即更爲愼重。
在《左傳》中，可以發現許多爲子嗣卜測吉凶的記錄。例如，《左傳・昭公三
十二年》載道：

> （史墨）對曰：「社稷無常奉，君臣無常位，自古已然。故《詩》曰：
> 『高岸爲谷，深谷爲陵。』三后之姓於今爲庶，主所知也。在《易》
> 卦雷乘乾曰〈大壯〉，天之道也。昔成季友，桓之季也、文姜之愛子
> 也。始震而卜，卜人謁之，曰：『生有嘉問，其名曰友，爲公室輔。』
> 及生，如卜人之言，有文在其手曰『友』，遂以名之。」

從史墨的談話，不但可以顯示人們對生育的重視，並可反映出當時「子孫觀
念」的時代意義。

此外，由於中國的家庭結構是以血緣關係爲紐帶所組成的，嬰兒的誕生
即預示著血緣得以承繼，所以父母乃至全家族的成員無不對此採取愼重的態
度。然而，嬰兒的體質脆弱，一不留意，即有患病甚至死亡之虞。尤其是在
生活水準、醫療品質不發達的古代，生育對產婦及胎兒無寧說是一項極度危
險的大事。《日書》中的許多記載，正可反映出這類的情形。例如：

> 危陽，是胃（謂）不成行。……生子，子死。……徹，是胃（謂）
> 六甲相逆，……以生子，子死。〔註4〕

又如：

> 五月：東井，……生子，旬死。……十月：……斗，……生子，不到
> 三年死。……十二月：婺女，……生子，三月死，毋（無）晨。〔註5〕

可以看出許多新生兒，在生育過程中難產而死或夭折。即使僥倖存活下來，
也常是一生下來就受疾病所困擾。如：

> 東辟（壁），……以生子，不完。……。畢，……生子，痤。……。
> 輿鬼，……以生子，瘻。〔註6〕

初集（上）》，頁163。

〔註4〕 睡虎地秦墓竹簡整理小組編，《睡虎地秦墓竹簡・日書甲種・穆辰》，頁185。

〔註5〕 同前註，《日書乙種》，頁237～238。

〔註6〕 同前註，《日書甲種・星》，頁192。

　　丙辰生子，有疵於膿（體）。〔註7〕

對產婦來說，也有許多婦女在生育過程中遭遇難產甚至死亡等意外事故；許
多產婦也因此染上了疾病。例如：

　　丁未生子，不吉，毋（無）母。……丁丑生子，不正，乃有疵前。

〔註8〕

　　敫，……以生子，生不產。〔註9〕

此外，《左傳・隱公元年》：

　　初，鄭武公娶于申，曰武姜，生莊公及共叔段。莊公寤生，驚姜氏，

　　故名曰寤生，遂惡之。

也是對婦女難產的記載。

　　　因此，在子孫觀念濃厚的春秋、戰國時代，爲了希望新生兒得以存活而
且健康，使家族能夠綿延不絕，趨吉避凶的念頭自然會滲入於生育習俗之中。
特別是在巫術迷信的風氣仍舊瀰漫的當時，爲了確保孕婦的安全、胎兒的正
常發育、以及幼兒的健康成長，人們便在求子、生子、命名等一系列延續後
代的生育禮俗中，爲產婦及其家人，製造出一連串的禁忌風俗。

　　　「產俗是生育習俗的核心部分，它包括了產前、產後儀式，產房、接產
習俗，以及產俗中的禁忌等內容」。〔註10〕因此，作爲人生第一大禮的生育儀
禮，其本身所含的內容，實際上包括了孕育期和誕生期的所有禮俗。本節即
以懷孕前、妊娠及分娩期，和產後等三個階段，探討春秋、戰國時代的生育
禁忌。

第一節　懷孕前之禁忌

　　　要想生兒育女，首先就要懷孕。因此，在懷孕前需要遵守一些禁忌的規
定。其目的便在於能夠使婦女妊娠，並且順利產下健康的嬰兒。本節即根據
文獻中之記載，將春秋、戰國時代有關懷孕之禁忌，分爲三部分討論之：一
爲夫妻關係的禁忌；二爲無子的禁忌；三爲求子的禁忌。

〔註 7〕　同前註，《日書甲種・生子》，頁 204。

〔註 8〕　同前註，《日書甲種・生子》，頁 204～205。亦可參見吳小強，〈試論秦人婚姻
　　　　　家庭生育觀念〉，《中國史研究》1989 年第三期，頁 109。

〔註 9〕　同前註，《日書甲種・稷辰》，頁 185。

〔註 10〕　宋德胤，《孕趣──生育習俗探微》，頁 98。

一、夫妻關係的禁忌

「男女構精，萬物化生」，〔註11〕經由夫妻雙方的彼此交合，是生兒育女的首要條件。因此，爲了生育健康的子女，及爲子女未來的幸福著想，春秋、戰國時代對夫妻雙方的關係，有著一些需要遵守的禁忌規定。

首先，是「同姓不婚」的禁忌。《左傳·僖公二十三年》中對此曾有如下的記載：

> 男女同姓，其生不蕃。

《國語·晉語》中亦云：

> 同姓不婚，惡不殖也。〔註12〕

「子孫觀念」是春秋、戰國時代人們所重視的。由「男女同姓，其生不蕃」和「同姓不婚，惡不殖也」兩段話來看，「同姓不婚」的禁忌，主要是爲了害怕影響後代子孫的繁衍，這在當時是爲人們所恐懼而極力迴避的。因此，「男女辨姓」便成爲人們所注意的事情。婚禮「六禮」中的「問名」，其目的也正在於此。甚至連買妾，也在「同姓不婚」的禁忌之列。〔註13〕

除了「同姓不婚」的禁忌外，當時的人亦認爲在某些特定的時刻，夫妻雙方也要遵守不得交接的禁忌，否則受孕所生的嬰兒會有殘缺。《禮記·月令·仲春》云：

> 是月也，日夜分，雷乃發聲，始電，蟄蟲咸動，啓戶始出。先雷三日，奮木鐸以令兆民曰：「雷將發聲，有不戒其容止者，生子不備，必有凶災。」

鄭玄《正義》對此的解釋如下：

> 《玉藻》云：「迅雷甚雨則必變，雖夜必興，衣服冠而坐。」所以畏天威也。小人不畏天威，懈慢褻瀆，或至夫婦交接。君子制法，不可指斥言之，故曰：「有不戒其容止者。」言此時夫婦交接，生子支節性情必不備，其父母必有灾也。〔註14〕

即認爲在某些特定的時節、天象變化之時，夫妻雙方不能行房，以免受孕後所產的嬰兒在身體或個性上有所缺陷。〔註15〕雲夢睡虎地秦簡《日書》中亦

〔註11〕《十三經注疏〔1〕周易·繫辭下》，頁171。

〔註12〕《國語·晉語四·鄭文公不禮重耳》，頁349。

〔註13〕《左傳·昭公元年》即云：「買妾不知其姓，則卜之。」

〔註14〕《十三經注疏〔5〕禮記》，頁300。

〔註15〕《禮記·月令》：「（仲夏之月）日長至，陰陽爭，死生分。君子齊戒，處必掩

有相同的規定：

> 凡……夫妻同衣，毋以正月上旬午、二月上旬亥、三月上旬申、四月上旬丑、五月上旬戌、六月上旬卯、七月上旬子、八月上旬巳、九月上旬寅、十月上旬未、十一月上旬辰、十二月上旬酉。凡是日，赤啻（帝）恆以開臨下民而降其英（殃），不可具爲百事，皆毋（無）所利。〔註16〕

其中所謂的「夫妻同衣」，意思便是指夫妻同房。〔註17〕其目的也可能是爲了避免在此時交接而生下「不備」的孩子，但其中迷信色彩較明顯，認爲這些時日是「赤帝恆以開臨下民而降其殃」的日子，若不迴避，則有可能因褻瀆而衝犯了神靈，使神靈降下禍災。吳小強認爲一年十二個月，每月上旬《日書》都規定了一天夫妻同房的忌日，可能與婦女行經周期有關。這些忌日，是爲了避開經期而設計的。〔註18〕由「赤帝」之「赤」與血色之間的關連性，吳氏之論點是值得參考的。

當我們分析「同姓不婚」以及《禮記・月令》所記載的夫妻禁忌時，去除迷信的成份，可以發現其中是具有優生的觀念。古人經過長時期經驗的積累，逐漸產生了優生的觀念，他們瞭解到胚胎的形成與發育，是藉由夫妻二人精氣相合而產生的；並意識到有健康的父母，才能生下健康的嬰兒。因此，《禮記・曲禮上》中即規定：

> 三十曰壯，有室。

就是希望男女在發育完全、身體健康正值高峰之時，才能論及婚嫁，結婚生子。〔註19〕而《禮記・月令》中所規定的，則是認爲在某些時刻，如風雨雷電氣候驟變之際，夫妻在此時交接行房，容易遭到驚嚇，使得氣血不順，身心健康一時受損。夫妻若因此而受孕生子，必定會對嬰兒的健康造成某種程度的不良影響。正如王充在《論衡・命義篇》中所說的：

身，毋躁，止聲色。」以及「（仲冬之月）日短至，陰陽爭，諸生蕩。君子齊戒，處必掩身，身欲寧，去聲色，禁耆慾，安形性，事欲靜，以待陰陽之所定。」要求人們在這些氣候不穩定的時刻，需要「去聲色，禁耆慾」，也應具有同樣的作用。

〔註16〕《睡虎地秦墓竹簡・日書甲種・行》，頁200。
〔註17〕參見吳小強，〈試論秦人婚姻家庭生育觀念〉，《中國史研究》1989年第三期，頁107。
〔註18〕參見吳小強，〈《日書》與秦社會風俗〉，《文博》1990年第二期，頁90。
〔註19〕《論語・季氏》：「少之時，血氣未定，戒之在色。」其目的即在於此。

　　　　凡人受命，在父母施氣之時，已得吉凶矣。〔註20〕

因此，為了子女將來的健康著想，當時的人們便基於優生的觀念，禁止夫婦在這些時刻行房。

　　至於「同姓不婚」的禁忌，同樣有著優生的觀念，以免造成「其生不蕃」和子孫「不殖」的結果。有關詳細的內容，將在探討春秋、戰國時代之婚姻禁忌時，再行說明，此處暫時不予贅述。

二、無子的禁忌

　　多子多孫的觀念，至少從殷商時代以來，即成為生育活動中一個極為重要的觀念。到了周代，由於封建制度與宗法制度的加強，任何一個諸侯國或氏族，莫不希望有子孫來傳宗接代，否則即有亡國滅姓的可能。當時婚姻的目的，也正在於此。〔註21〕尤其是春秋、戰國社會流動變化劇烈的時代，子孫觀念更為人們所重視。

　　我們在《詩經》中便可以檢索出許多當時人們歌頌多子多孫的詩句。例如《詩經・周南・螽斯》：

　　　　螽斯羽詵詵兮，宜爾子孫振振兮。螽斯羽薨薨兮，宜爾子孫繩繩兮。

　　　　螽斯羽揖揖兮，宜爾子孫蟄蟄兮。

螽，是蝗蟲的一種。據嚴粲《詩緝》云：

　　　　螽蝗生子最多，信宿即群飛。因飛而見其多，故以羽言之。〔註22〕

也就是用蝗蟲起興，以螽之多而成群，比喻子孫之眾。因此，這首詩亦常為後世借用為祝人多子多孫之詞。如《三國志・魏書・高柔傳》：

　　　　臣愚以為可妙簡淑媛，以備內官之數，其餘盡遣還家。且以育精、

　　　　養神、專靜為寶。如此，則〈螽斯〉之徵，可庶而致矣。〔註23〕

這種祈求多子多孫的觀念，也影響到了當時的婚姻習俗。如《詩經・陳風・東門之枌》第三章即云：

　　　　穀旦于逝，越以鬷邁；視爾如荍，貽我握椒。

〔註20〕黃暉，《論衡校釋・命義篇》，頁50。

〔註21〕《禮記・昏義》云：「昏禮者，將合二姓之好，上以事宗廟，而下以繼後世也，故君子重之。」即將「繼後世」視為婚姻的重要目的之一。

〔註22〕宋・嚴粲，《詩緝・卷一》，頁26。

〔註23〕陳壽，《三國志・卷二十四》（楊家駱主編，《中國學術類編》本），頁181。

也是由於椒中多子，故亦被人們用來做爲象徵期盼婦女多子的禮品。〔註24〕

由於這種多子多孫的觀念，於是便有了《孟子》中「不孝有三，無後爲大」〔註25〕的觀念出現。因此，不會生育的婦女，不但在夫家沒有地位，甚至有隨時被休棄的可能。例如《公羊傳·莊公二十七年》何休《注》即云：

> 婦人有七棄：……無子棄，絕世也；淫泆棄，亂類也；不事舅姑棄，
> 悖德也；口舌棄，離親也；盜竊棄，反義也；嫉妒棄，亂家也；惡
> 疾棄，不可奉宗廟也。〔註26〕

「無子」即佔「七棄」中之首位。而《呂氏春秋·孝行覽·遇合》亦云：

> 人有爲人妻者，人告其父母，曰：「嫁不必生也，衣服之物可外藏之，
> 以備不生。」其父母以爲然。〔註27〕

也是婦女爲其可能因無子被出而預先做準備。此外，《日書》中也有許多關於婦女被棄的例子。如：

> 取妻：……戊申、己酉，牽牛以取織女，不果，三棄。〔註28〕

> 癸丑、戊午、己未，禹以取梌山之女日也，不棄，必以子死。〔註29〕

> 戊興（與）亥是胃（謂）分離日，不可取妻。取妻，不終，死若棄。
> 〔註30〕

均可窺見春秋、戰國時代婦女被棄之風的盛行。其中因無子嗣而被夫家所棄者，應佔絕大多數。所以，當時的人對婦女不育非常重視。

然而，由於醫學水準的局限，人們對不孕的原因並不能清楚地瞭解。在他們的心目中，婦女不孕是由於觸犯禁忌所致。這些觸犯禁忌的行爲，有的是因爲吃了不該吃的東西，例如《山海經·西山經·西山經》云：

> 嶓冢之山……有草焉。其葉如蕙，其本如桔梗，黑華而不實，名曰
> 蓇蓉，食之使人無子。〔註31〕

又如《山海經·中山經·中次七經》：

〔註24〕參見徐華龍，《國風與民俗研究》，頁181。
〔註25〕《十三經注疏〔8〕孟子·離婁上》，頁137。
〔註26〕《十三經注疏〔7〕公羊傳》，頁105。
〔註27〕陳奇猷校釋，《呂氏春秋校釋·卷十四》，頁816。
〔註28〕《睡虎地秦墓竹簡·日書甲種·取妻》，頁206。
〔註29〕《睡虎地秦墓竹簡·日書甲種》，頁208。
〔註30〕同前註，頁209。
〔註31〕袁珂，《山海經校注》，頁28。

> 苦山……其上有木焉，名曰黃棘。黃華而員葉，服之不字。〔註32〕

此外，《日書》中所記載的：

> 井居西北匡，必絕後。……取婦爲小內，……內居西北，毋（無）
> 子。……依道爲小內，不宜子。〔註33〕

則是認爲違犯居家環境的禁忌，也會影響婦女不孕。

吃了菁蓉或黃棘，是否眞的能夠使人不孕，我們不得而知。但是，古人基於經驗的積累，或許有其科學性。然而，由菁蓉的「黑華而不實」看來，可能是受感致巫術中相似律的影響，認爲人吃了「不實」的菁蓉，也會使得婦女不孕。因此，其中仍是含有巫術迷信的成份。至於，「井居西北匡」、「內居西北」也會引起婦女的不孕，雖也有著迷信的色彩，但其中似乎有其合理性存在。因爲，西北方正臨著凜冽的寒風，婦女在寒冷的地方取水或居住，都可能影響她的健康；而健康情形的不佳，對婦女懷孕以及生產，都有不良的影響。因此，才有這些禁忌的規定。

三、求子的禁忌

由於人們忌諱缺乏子嗣，因此無子者，特別是尚未有子嗣的婦女，無不想盡辦法取得生兒育女的良方，於是便有求子習俗的出現。在求子風俗之中，人們遵循一些必要的方式，以期能夠喜獲麟兒；若是不依規矩，則仍有無子之虞。

《山海經》中有多處記載著「宜子」、「宜子孫」的秘方，就是當時人們用來求子的。如《南山經·南山經》云：

> 杻陽之山……有獸焉。其狀如馬而白首，其文如虎而赤尾，其音如
> 謠，其名曰鹿蜀，佩之宜子孫。〔註34〕

又，《西山經·西次三經》：

> 崇吾之山……有木焉。員葉而白柎，赤華而黑理，其實如枳，食之
> 宜子孫。〔註35〕

又，《中山經·中次三經》：

〔註32〕 同前註，頁143。
〔註33〕 《睡虎地秦墓竹簡·日書甲種》，頁211。
〔註34〕 袁珂，《山海經校注》，頁3。
〔註35〕 同前註，頁38。

青要之山……武羅司之。其狀人面而豹文，小要而白齒，而穿耳以
鐻，其鳴如鳴玉。是山也，宜女子。畛水出焉，而北流注于河，其
中有鳥焉，名曰鴢。其狀如鳧，赤身而朱目赤尾，食之宜子。〔註36〕

透過或佩或食某些動植物的方式，人們相信有助於婦女懷孕生子。

　　然而，這些方法何以能夠「宜子孫」？我們不得而知。但是，很明顯地，
這些辦法均具有巫術的性質。不過，藉著其它的記載，我們對其中的含義，
或許能有所瞭解。《詩經》中有一首詩是這樣寫道：

采采芣苢，薄言采之；采采芣苢，薄言有之。采采芣苢，薄言掇之；
采采芣苢，薄言捋之。采采芣苢，薄言袺之；采采芣苢，薄言襭之。

〔註37〕

在這首詩裡，婦女們所採集的芣苢，並不是單純為了食用。《詩經·周南·芣
苢》毛亨《傳》對此有所解釋：

芣苢，馬舄。馬舄，車前也，宜懷妊。〔註38〕

由此得知，芣苢（即車前）亦有宜子的功效。芣苢何以能夠令人宜子？聞一
多氏對此有所考證：

禹母吞薏苡而生禹，所以夏人姓姒。這薏苡即是芣苢。古籍中凡提到
芣苢，都說它有「宜子」的功能，那便是因禹母吞芣苢而孕禹的故事
產生的一種觀念。……「芣苢」與「胚胎」古音既不分，證以「聲同
義亦同」的原則，便知道「芣苢」的本意就是「胚胎」。〔註39〕

可見，「芣苢」（即芣苢）是具有懷孕意義的詞彙。婦女們採集且食用芣苢，
是為了能夠懷孕生子。芣苢（車前）由於結籽數量極多，人們便從感致巫術
的相似律原則出發，認為吃了結籽多的車前，亦可令人懷孕，達到多子的目
的。由此類推：鹿蜀、鴢等動植物，或許也具有相似的特點，而為人們用做
求子的工具。〔註40〕

　　此外，當時還有一種極為普遍的方式，即通過祭祀以祈獲子。而祭祀的

〔註36〕同前註，頁125。
〔註37〕《十三經注疏〔2〕詩經》〈周南·芣苢〉，頁41。
〔註38〕同前註。
〔註39〕聞一多，〈匡齋尺牘〉，收錄於朱自清等編，《聞一多全集·甲集·神話與詩》，
　　　　頁345。
〔註40〕「在英屬哥倫比亞，給不孕的婦女喝黃蜂窩或者蒼蠅熬的湯汁能使她們生孩
　　　　子，因為這些昆蟲能以巨大數量繁殖」（列維·布留爾，《原始思維》，頁266）
　　　　的例子，正可作為參考。

場所，就是所謂的「社」。

春秋、戰國時代，各國對「社」雖有不同的稱呼，但是「社」的用途則大致相同。《墨子・明鬼》即云：

> 燕之有祖，當齊之社稷，宋之有桑林，楚之有雲夢也。此男女之所屬而觀也。〔註41〕

此外，由《詩經・鄘風・桑中》所描寫的男女幽會相戀的情形和《左傳・成公二年》稱人們私通或有孕爲「有桑中之喜」，以及《周禮・地官・媒氏》所言：

> 中春之月，令會男女，於是時也，奔者不禁。

均可看出，「社」爲當時人們合法的野合之地。

然而，「社」最大的作用，不僅止於允許男女在此野合。其用途乃是企圖通過某些祭祀與儀式，以祈求婦女能夠懷孕生子。而男女在「社」中野合的目的，也正在於此。

一般對「社」的研究，均認爲其起源與生殖崇拜有關。〔註42〕生殖崇拜是原始先民自然崇拜的一種特殊形態，它是以人的生殖器官及性行爲作爲直接崇拜的對象。至於生殖崇拜的目的，最初是爲了祈求穀物的生長，並由此衍生出人類的自身繁衍，與人的生育有關。關於這一目的，可以由目前所發現中國最早的社壇遺址中的許多大肚子的裸體婦女陶塑像所象徵的意義得出。〔註43〕

此一信仰，自然而然地滲入於求子習俗之中。古代文獻中的許多記載，如脩己、簡狄、姜嫄生下禹、契、棄等的感生神話。不難看出，其中似乎隱含著古代祈禱求子的習俗。例如，《詩經・大雅・生民》載道：

> 厥初生民，時維姜嫄。生子如何？克禋克祀，以弗無子。履帝武敏歆，攸介攸止，載震載夙，載生載育，時維后稷。

姜嫄「克禋克祀，以弗無子」的場所，應該就是在「社」裡。

隨著時間的演變，「社」原有對生殖器官或性行爲的崇拜，逐漸被崇拜女性始祖神所取代。然而，在「社」中祈求生子的習俗，卻仍然沿襲下來。《呂

〔註41〕張純一，《墨子集解・卷八・明鬼下》（《無求備齋墨子集成〔23〕》），頁295。

〔註42〕可參考郭沫若，《釋祖妣》，收錄於氏著，《甲骨文字研究》。頁19～60。

〔註43〕參見郭大順、張克舉，〈遼寧省喀左縣東山嘴紅山文化建築群址發掘簡報〉，《文物》1984年第十一期，頁8～9。

氏春秋‧仲春紀》云：

> 是月也，玄鳥至。至之日，以太牢祀於高禖。天子親往，后妃率九
> 嬪御，乃禮天子所御，帶以弓韣，授以弓矢於高禖之前。〔註44〕

高誘《注》云：

> 王者后妃以玄鳥至日，祈繼嗣於高禖。……授以弓矢，示服猛，得
> 男象也。〔註45〕

可以得知，在「社」祭祀高禖的目的，仍是在於祈求獲孕生子。從祭祀高禖
求子的習俗看來，當時「社會」男女野合的最大目的，並不是爲了縱慾狂歡，
而是希望借助高禖的力量，以便使得婦女能夠懷孕生子。

春秋、戰國時代，婦女在「社」中求子的最有名的例子，當屬孔子之母
禱於尼丘而生孔子的故事。《史記‧孔子世家》對此有如下的記載：

> 孔子生魯昌平鄉陬邑。其先宋人也，曰孔防叔。防叔生伯夏，伯夏
> 生叔梁紇。紇與顏氏女野合而生孔子，禱於尼丘得孔子。〔註46〕

其中的「尼丘」，指的就是「社」。而「禱於尼丘」與「野合」並稱，可窺知
當時在「社」中野合求子，是既合法又普遍的風俗習慣。

第二節　妊娠及分娩時之禁忌

在整個生育過程中，妊娠及分娩無疑是兩個最重要的時刻。從婦女受孕
開始，許許多多的問題也隨之應運而生，腹中的胎兒是男是女？將來的命運
是好是壞？生產時是順產或是難產？都是人們所關注的。

尤其是在醫藥衛生水準有限的古代，胎兒畸形甚或夭折等事故時有所
聞。雲夢睡虎地秦簡《日書》中便有許多這類的例子，前一節已曾引用，可
資參考。於是，在異常重視子嗣的春秋、戰國時代，這些均足以造成人們的
驚悸與恐懼。因此，人們便針對婦女妊娠及分娩時期，製造出眾多的禁忌。

妊娠及分娩的禁忌，亦即孕婦與產婦的禁忌。就孕婦所應遵守的禁忌而
言，除孕婦本身外，丈夫及其家人也有一些需要配合的禁忌。至於產婦的禁
忌，生產的時間、地點，均在禁忌之列。從這些禁忌的現象，不但可以探知

〔註44〕陳奇猷，《呂氏春秋校釋‧卷二‧仲春紀》，頁63～64。
〔註45〕同前註，頁67～68。
〔註46〕瀧川龜太郎，《史記會注考證》，頁743。

春秋、戰國時代的生育習俗；亦可顯現出當時社會對傳宗接代的重視。

　　根據春秋、戰國時代文獻之記載，以及考古發掘的資料，以下擬以胎教、夢象、產房、難產、方位以及生辰等六部分，探討春秋、戰國時代妊娠及分娩時之禁忌。

一、胎教的禁忌

　　中國人向來重「始」，非常注意任何事情的開端。因此，當婦女確定懷孕開始，就要遵守一連串的禁忌，以免影響腹中胎兒的發育。首先要遵循的禁忌，就是「胎教」。

　　「胎教」一詞，早在西漢時代即已出現了。賈誼在《新書・胎教》中便云：

> 周妃后妊成王於身，立而不跛，坐而不差，獨處而不踞，雖怒不罵，胎教之謂也。〔註47〕

說明了婦女懷孕時需遵守各種胎教的規定。劉向《列女傳》亦云：

> 古者婦人妊子，寢不側、坐不邊、立不蹕、不食邪味、割不正不食、席不正不坐、目不視於邪色、耳不聽於邪聲，夜則令瞽誦詩、道正事，如此則生子形容端正，才德過人矣。〔註48〕

則更進一步提出「胎教」與生子之間的關聯。這些記載都是漢代的人對「胎教」的記載，他們雖然都認為「胎教」起源甚早，然而，「胎教」的起源是否即如他們所說的始自西周？春秋、戰國時代是否也有著「胎教」的禁忌？〔註49〕

　　《國語・晉語》中有一段話是如此記載的：

> 文公問於胥臣，……對曰：「……臣聞昔者大任娠文王不變，少溲於豕牢，而得文王不加疾焉。」〔註50〕

此對照劉向《列女傳》之記載：

> 大任者，文王之母、摯任氏中女也。……及其有娠，目不視惡色、耳不聽淫聲、口不出敖言，能以胎教。溲於豕牢而生文王。〔註51〕

〔註47〕漢・賈誼，《新書・卷十・胎教》（《四部叢刊正編〔17〕》），頁81。

〔註48〕漢・劉向編撰，清・梁端校注，《列女傳・卷一・周室三母》，頁4a～4b。

〔註49〕《大戴禮記・保傅篇》中雖記載有「胎教」的事宜，但為漢代人之追述，只能做為參考。

〔註50〕《國語・晉語四・胥臣論教誨之力》，頁386～387。

〔註51〕同註48，頁4a。

其中便透露出春秋、戰國時代的人，已經有了「胎教」的概念。近年來在長沙馬王堆三號漢墓出土了大量的古代醫學帛書，其中的《胎產書》即對婦女懷胎十月中所應遵守的胎教禁忌，有詳細的說明。其內容略引於下：

> 故人之產殹（也），入於冥冥，出於冥冥，乃始爲人。一月名曰留（流）刑，食飲必精，酸羹必〔熟〕，母辛星（腥），是謂財貞。二月始膏，母食辛臊，居處必靜，男子必勞，百節皆病，是胃（謂）始臧（藏）。三月始脂，果隋宵效，當是之時，未有定義（儀），見物而化，是故君公大人，母使朱（侏）儒，不觀木（沐）候（猴），不食茵（蔥）薑，不食兔羹；□欲產男，置弧矢，□雄雉，乘牡馬，觀牡虎；欲產女，佩蠶（簪）耳（珥），呻（紳）朱（珠）子，是謂內象成子。〔註52〕

雖然內容與賈誼、劉向的記載，有雅俗之別。但是，其中的精神則是一致的。都是爲了能夠「生子形容端正，才德過人」。

馬王堆漢墓的埋葬時間在西漢初年；而《胎產書》的成書時代，據學者的研究「這篇帛書的字體接近雲夢睡虎地秦簡，估計寫成的年代較早」。〔註53〕因此，可以說《胎產書》的內容是總結了春秋、戰國以來對生育的知識與觀念而產生的。用它來作爲春秋、戰國時代胎教禁忌的輔證，應是沒有太大的問題。

「胎教」的禁忌，是如何產生？林明峪認爲：

> 「胎教」這一觀念，極可能源於易經咸卦象辭「咸，感也。柔上（兌）而剛下（艮），二氣（陰陽）感應以相與」裡的感應之說。到了漢初，崇尚「天人感應」。這種視「銅山西崩，洛鐘東應」爲人世間存有的現象，遂爲胎教觀念的原始背景。〔註54〕

林氏之說是否允當，我們不做評論。但是，胎教確實是源自於事物間相互感應的觀念。正如《胎產書》中所記載的「毋使侏儒，不觀沐猴」，免得生出的嬰兒無法「形容端正」。其中的思想基礎，仍是「感致巫術」之相似律觀念，認爲「同能致同」。因此，才有如此的規定。〔註55〕

根據目前醫學的證明，產婦的情緒、飲食，確實會對胎兒造成影響。因此，春秋、戰國時代的胎教禁忌，如「毋食辛臊，居處必靜」、「不食蔥薑」，

〔註52〕馬王堆漢墓帛書整理小組編，《馬王堆漢墓帛書【肆】》，頁136。
〔註53〕參見周一謀、蕭佐桃主編，《馬王堆醫書考注》〈前言〉，頁4。
〔註54〕林明峪，《臺灣民間禁忌》，頁91。
〔註55〕《列女傳・卷一・周室三母》中云：「妊子時必慎其所感，感於善則善，感於惡則惡。人生而肖萬物者，皆感於物，故形音肖之。」亦可做爲參考。

仍是有其合理性、科學性的。

二、夢象的禁忌

所謂「日有所思，夜有所夢」，「夢」是人們心理思維的反映。然而，古代的人對「夢」的理解並非如此，他們認為夢與鬼神有著密不可分的關係。例如甲骨文中便有許多關於占夢的記錄，即可看出殷人對「夢」的觀點。他們認為做夢的原因，是由於先祖先妣之作祟。〔註56〕到了周代，仍設有專官來負責占夢的任務，例如《周禮‧春官‧占夢》即云：

> 占夢，掌其歲時。觀天地之會，辨陰陽之氣，以日月星辰占六夢之
> 吉凶。一曰正夢、二曰噩夢、三曰思夢、四曰寤夢、五曰喜夢、六
> 曰懼夢。季冬，聘王夢，獻吉夢于王，王拜而受之，乃舍萌于四方；
> 以贈惡夢，遂令始難，毆疫。

春秋、戰國時代，當人們做惡夢後，會經由一些巫術的手段，以禳除不祥。雲夢睡虎地秦簡《日書》中云：

> 人有惡瞢（夢），賞（覺），乃繹（釋）髮西北面坐，鑷（禱）之曰：
> 「皋！敢告壐（爾）豹蜻。某，有惡瞢（夢），走歸豹蜻之所。豹蜻
> 強飲強食，賜某大幅（富），非錢乃布，非繭乃絮。」則止矣。〔註57〕

可以窺見，直到春秋、戰國之時，一般人對「夢」之觀點，仍無太大的改變。

人們相信夢中的景象，是上天對人的預示。將此觀點應用於生育習俗之中，則認為孕婦之夢象，預示著腹中胎兒的未來。春秋、戰國時代的文獻中，有許多這類事件的記載，例如《詩經‧小雅‧斯干》云：

> 吉夢維何？維熊維羆，維虺維蛇。大人占之：維熊維羆，男子之祥；
> 維虺維蛇，女子之祥。

又，《左傳‧宣公三年》載：

> 初，鄭文公有賤妾曰燕姞，夢天使與己蘭，曰：「余為伯鯈。余，而
> 祖也。以是為而子，以蘭有國香，人服媚之如是。」既而文公見之，
> 與之蘭而御之。辭曰：「妾不才，幸而有子，將不信，敢徵蘭乎？」
> 公曰：「諾！」生穆公，名之曰蘭。

〔註56〕參見胡厚宣，〈殷人占夢考〉，收錄於氏著，《甲骨學商史論叢‧初集（下）》，
頁447～466。

〔註57〕《睡虎地秦墓竹簡‧日書甲種‧夢》，頁210。

《國語・周語下》亦云：

> 襄公有疾，召頃公而告之曰：「……吾聞成公之生也，其母夢神規其
> 臀以墨，曰：『使有晉國，三而畀驩之孫。』故名之曰黑臀。」〔註58〕

很明顯地，這些婦女的夢象，都與其未來的子嗣有關。此外，除了孕婦本身
之外，她們的丈夫亦有相似的情形。例如《左傳・昭公四年》載：

> 初，穆子去叔孫氏，及庚宗，遇婦人，使私為食而宿焉。問其行，
> 告之故，哭而送之。適齊，娶於國氏，生孟丙、仲壬。夢天壓己，
> 弗勝。顧而見人，黑而上僂，深目而豭喙，號之曰：「牛！助余！」
> 乃勝之。

後來穆子果遇婦人所生之子，其長相即如夢中所見。然而，此子卻為穆子帶
來殺子殺身之禍。〔註59〕

　　由此可見，春秋、戰國時代婦女及其丈夫所做預示其未來子嗣的夢象，
其結果或吉或凶。若吉，則以為祥；若凶，則為人們所忌諱。當人們夢見所
忌諱之景象時，或許就有如同《日書》所載，會施行一些必要的祓除儀式。
因此，婦女（包括其丈夫）於妊娠期間所做的夢象，也有被視為禁忌的。

三、產房的禁忌

　　孕婦即將臨盆之時，其心中的恐懼與不安也隨之與日俱增，這時孕婦最
需要家人的安慰；孕婦的家人對即將降臨的新生命，也同樣懷著興奮及期待
的心情。然而，我們從文獻中卻可以發現，春秋、戰國時代的人們，對婦女
生產有著忌諱的心理。

　　《左傳・昭公二十九年》云：

> 公衍、公為之生也，其母偕出。公衍先生，公為之母曰：「相與偕出，
> 請相與偕告。」三日，公為生。其母先以告，公為為兄。

楊伯峻注云：

> 據《禮記・內則》，古代貴婦人將生子，出居于側室。側室又謂之產

〔註58〕《國語・周語下・單襄公論晉周將得晉國》，頁96～99。
〔註59〕叔孫穆子之夢境，乍看之下似乎為吉，然《左傳・昭公五年》：「初，穆子之
　　　　生也，莊叔以《周易》筮之，遇〈明夷〉之〈謙〉，以示卜楚丘。楚丘曰：『是
　　　　將行，而歸為子祀。以讒人入，其名曰牛，卒以餒死。』」若將穆子之夢與其
　　　　出生時之占卜結果互參，則可見此夢象不吉反凶了。

舍，《大戴禮・保傅篇》謂之宴室。此同出居產舍也。〔註60〕

《禮記・內則》對此有詳細的記載：

> 妻將生子，及月辰居側室。夫使人日再問之，作而自問之。妻不敢
> 見，使姆衣服而對。

由此可以窺知，當時人們對即將分娩的婦女有所忌諱，因此產婦需要「出居側室」。趙建偉甚至認為，周人之始祖后稷誕生時，被「置之隘巷」、「置之平林」，都是隱喻孕婦在路邊、荒野搭棚分娩的事情。〔註61〕若其言屬實，則可見此一分娩時的產房禁忌起源甚早。

　　這種禁忌是如何產生的呢？一般民俗學者均認為，它和人們對血的禁忌有關。弗雷澤便云：

> 布賴布賴印第安人認為婦女分娩的污染褻瀆比月經來潮更為嚴重。
> 婦女感覺快要臨盆時，便告訴自己的丈夫。丈夫趕忙在偏僻無人的
> 地方為她搭起一所小屋，讓她一人獨自居住。除了她母親和另外一
> 位婦女外，不得同任何人說話。〔註62〕

此外，《禮記・內則》亦將產房禁忌與女子天癸並稱。〔註63〕可見孕婦分娩時的產房禁忌，確實與血有關。

　　何以人們對血有所忌諱？趙建偉對此有所解釋：

> 先民對血是甚為崇拜的。而這種崇拜源之於兩種心理，即敬和
> 畏。……因此，對血的崇拜也表現在兩個方面：第一，認為血可避
> 邪，即具有驅除不祥的功用；第二，認為血可致邪，即具有使人招
> 致不祥的作用。〔註64〕

由於婦女分娩時的產血，比天癸時的經血還多；人們又相信血能夠招致不祥。因此，古人便對產婦設下了這種禁忌，以免被產血所污，而招至不祥。正如王充所說的：

> 諱忌產子……者，欲人常自潔精，不欲使人被污染也。〔註65〕

〔註60〕楊伯峻，《春秋左傳注》，頁1500。

〔註61〕參見趙建偉，《人世的"禁區"──中國古代禁忌風俗》，頁121。

〔註62〕弗雷澤著，汪培基譯，《金枝》，頁319。

〔註63〕鄭玄《注》，將「月辰」解釋為「生月之辰，初朔之日也」。然而尚秉和於
　　　　《歷代社會風俗事物考》中，則認為「月辰者，天癸至也」（頁248），亦可
　　　　做參考。

〔註64〕趙建偉，《人世的"禁區"──中國古代禁忌風俗》，頁117～118。

〔註65〕黃暉，《論衡校釋・四諱篇》，頁977。

因畏懼產血可能招致不祥，而產生的產房禁忌，不難看出其中是含有巫術性質的。然而，從另一種角度來思考，當孕婦即將分娩時，爲她提供一個舒適寧靜的場所，不受外人的干擾，使她能夠安心地等待新生兒的降臨，也是有其需要的。

四、難產的禁忌

孕婦懷胎十月，接近分娩之際，對於新生命的即將降臨，心中自難掩其喜悅之情。她們從求子到懷孕等過程中，雖然遵守了一連串的禁忌規定。但是，這並不意味著在她生產時必能順利。尤其是在醫學衛生水準不如今日的春秋、戰國時代，婦女難產的意外事故仍是時有所聞。雲夢睡虎地秦簡《日書》中便有許多這類事件的例子，如：

> 敫，是胃（謂）又（有）小逆，毋（無）大央（殃）。……以生子，子不產。〔註66〕

> 參，百事吉。……唯生子不吉。〔註67〕

這些「生子不吉」，以至於「子不產」等事故，可能均與婦女難產有關。因此，分娩時的順利與否，便成爲產婦們所關注的焦點。能夠順利產下嬰兒，固爲所有產婦的企盼；至於難產，則爲她們所忌諱的。

春秋、戰國時代最著名的難產例子，即爲鄭國武姜生莊公的事件。《左傳·隱公元年》載道：

> 初，鄭武公娶于申，曰武姜。莊公寤生，驚姜氏，故名曰寤生，遂惡之。

有關「寤生」一詞，歷來有多種的解釋。杜預對《左傳·隱公元年》此條作注時云：

> 寐寤而莊公已生，故驚而惡之。〔註68〕

孔穎達在杜預的基礎上，更進一步申論：

> 謂武姜寐時生莊公，至寤始覺其生。故杜云：「寐寤而莊公已生。」
> 〔註69〕

〔註66〕《睡虎地秦墓竹簡·日書甲種·稷辰》，頁185。
〔註67〕《睡虎地秦墓竹簡·日書甲種·星》，頁192。
〔註68〕杜預，《春秋經傳集解》，頁7。
〔註69〕《十三經注疏〔6〕左傳》，頁35。

似乎是將「寤生」視為一種順產的現象。然而，婦女生產時多多少少都會有陣痛，即使是在睡眠之中，也不應該沒有感覺；再者，如果武姜真的是「寐時生莊公」，則莊公應該取名為「寐生」，而不應叫做「寤生」。因此，將「寤生」解釋為順產，似乎有待商榷。

另一種解釋，則以《風俗通義》中之記載為代表。應劭於《風俗通義》中云：

> 不舉寤生子。俗說：兒墜地便能開目視者，謂之寤生。舉寤生子，
> 妨父母。〔註70〕

而林明峪亦認為：

> 寤生子，指嬰兒一墜地即能睜開眼睛看人，屬不正常現象。〔註71〕

則是認為「寤生」與嬰兒出生時眼睛即能睜開視人有關。

有關「寤生」的解釋，一般均將其視為難產。朱駿聲於其著《說文通訓定聲》一書中便認為：

> 寤，……假借為牾。……按：足先見，逆生也。〔註72〕

孕婦生產時，胎兒一般均為頭部先出母體。「足先見」，很明顯地是屬於一種難產的現象，故《史記‧鄭世家》對莊公之出生即云：

> 太子寤生，生之難。〔註73〕

因為難產，使得武姜於生產過程中遭受到驚嚇，進而對莊公不存好感，是較可以理解的。因此，將「寤生」解釋為難產的現象，可能較為合理。

婦女分娩時若遇到了難產，對產婦及幼兒的生命安全，均有極大的威脅。在醫學發達的今天，難產尚且是一件危險的事情，無怪乎春秋、戰國時代的人們會將其視為禁忌了。

五、方位的禁忌

羅振玉於《流沙墜簡‧數術類》中，曾登錄有〈吉凶宜忌殘簡〉五片，其中第五簡載道：

> 生子，東首者富，南首者貴，西首者貧，北首者不壽。〔註74〕

〔註70〕漢‧應劭撰，王利器校注，《風俗通義校注》，頁561。
〔註71〕林明峪，《臺灣民間禁忌》，頁151。
〔註72〕朱駿聲，《說文通訓定聲‧豫部第九》，頁1567。
〔註73〕瀧川龜太郎，《史記會注考證》，頁675。
〔註74〕羅振玉，《流沙墜簡》，收錄於氏著，《羅雪堂先生全集‧續編七》，頁2812。

羅氏認為「乃產子時方位宜忌」。而這種方位的宜忌，至遲在戰國時代便已出現了。

雲夢睡虎地秦簡《日書》中，有兩處關於產子方位禁忌的記載。例如：

> 生東鄉（嚮）者貴，南鄉（嚮）者富，西鄉（嚮）者壽，北鄉（嚮）
> 者賤，西北鄉（嚮）者被刑。〔註75〕

又：

> 凡生子，北首西鄉（嚮），必為上卿，女子為邦君妻。〔註76〕

這兩段記載，雖與羅氏《流沙墜簡》中所引者略有出入。然而，就其內容看來，仍應屬於產子時的方位宜忌。它們均是透過婦女分娩時，胎兒脫離母體時頭部的方位，來祈求並預測新生兒的未來幸福。

這種嬰兒出生時的方位禁忌，是如何產生的？我們僅由簡文中之內容，實難看出其中的原因。然而，若是結合當時人們日常生活中坐位的尊卑次序，或許能理解其中的涵義。

《禮記・曲禮上》云：

> 請席何鄉？……席南鄉北鄉，以西方為上；東鄉西鄉，以南方為上。

其中雖對坐次之尊卑有所記載，但是由於「方」與「嚮」兩者有別，其中的意義不易理解。

此外，劉向《說苑・君道》中，有一段郭隗與燕昭王的談話，其中便清楚地透露出坐次尊卑的等第。其內容如下：

> （郭隗曰）：「今王將東面目指氣使以求臣，則廝役之材至矣；南面聽
> 朝，不失揖讓之禮以求臣，則人臣之材至矣；西面等禮相亢，下之以
> 色，不乘勢以求臣，則朋友之材至矣；北面拘指逡巡而退以求臣，則
> 師傅之材至矣。」……於是燕王常置郭隗上坐，南面居三年。〔註77〕

由《說苑》之記載，我們可以得知：坐次的尊卑順序，應為東嚮最尊，其次南嚮，其次西嚮，北嚮則為位次最卑下者。余英時認為「這個故事的本身雖未必足信，但所言坐次之尊卑必是戰國秦漢間的通行習慣，斷無可疑」。〔註78〕余氏並且引述許多文獻記載，用以證成其說。〔註79〕因此，至晚從戰國時代開始，

〔註75〕《睡虎地秦墓竹簡・日書乙種》，頁236。
〔註76〕《睡虎地秦墓竹簡・日書乙種・生》，頁254。
〔註77〕漢・劉向，《說苑・卷一・君道》（《四部叢刊正編〔17〕》），頁8。
〔註78〕余英時，〈說鴻門宴的坐次〉，收錄於氏著《史學與傳統》，頁191。
〔註79〕參見余英時，前引文，頁184～195。

人們坐次的尊卑順序，已分別爲東嚮、南嚮、西嚮及北嚮了。

藉由戰國時代人們坐位席次的尊卑順序，我們再回頭檢視《日書》中所載生子的方位禁忌，可以清楚地發現其吉凶次序也正是東嚮、南嚮、西嚮及北嚮（西北嚮可附屬於北嚮），與人們日常生活的坐次尊卑完全一致。因此，我們似乎可以斷言：生子時的方位禁忌，是與當時人們日常生活中之坐次尊卑順序，有著密切的關聯。

六、生辰的禁忌

中國人向來極爲重視「八字」，認爲它關係著人一生前途及運道之良否。所謂「八字」，是由天干地支兩兩組合，用來代表一個人出生的時辰。它包括了年、月、日、時四部分，每一部分各由一個天干與地支來代表，合計共有八個干支，故稱之爲「八字」。

春秋、戰國時代，「八字」的觀念雖不似後代之完備，但是其雛形業已出現。當時有以新生兒出生的月、日，來預測其一生命運的好壞；並且由《日書》中這類簡文所佔篇幅之多，可以推斷：這種方式已成爲預測幼兒命運的重要依據。

雲夢睡虎地秦簡《日書》中，有關嬰兒出生時的生辰禁忌俯拾即是。依據其內容之不同，大致可將其分爲四種類型。首先是純粹以六十個甲子日來預測新生兒的命運，例如：

> 丙子生子，不吉。……辛巳生子，吉而富。……甲午生子，武有力，少孤。……丁未生子，不吉，毋（無）母，必賞（嘗）彀（繫）囚。……丙辰生子，有疵於腜（體）而恿（勇）。……己巳生子，鬼，必爲人臣妾。……。〔註80〕

再者，有以月、日相配合，以預測嬰兒之吉凶者，如：

> 結日，……生子毋（無）弟，有弟必死。……達日，……生子，男吉，女必出於邦。……央光日，……以生子，男女必美。秀日，……生子吉，弟凶。〔註81〕

又：

〔註80〕 《睡虎地秦墓竹簡・日書甲種・子》，頁203～205。另《日書乙種・生》中亦有類似之記載，其中文字稍有出入，可互參。

〔註81〕 《睡虎地秦墓竹簡・日書甲種》，頁181。

秀，是胃（謂）重光，……以生子，既美且長，有賢等。……正陽，
是胃（謂）滋昌，……生子吉。危陽，是胃（謂）不成行，……生
子，子死。……敫，是胃（謂）又（有）小逆，毋（無）大央（殃），……
以生子，子不產。……陰，是胃（謂）乍陰乍陽，先辱而後又（有）
慶，……生子，男女爲盜。〔註82〕

另有以每日所值之二十八宿，來預測未來者，如：

亢，……生子，必有爵。牴（氐），……生子，巧。房，……生子，
富。……東井，……生子，旬而死。輿鬼，……以生子，瘇。……
翼，……生子，男爲見（現），〔女〕爲巫。〔註83〕

此外，《日書》中之〈人字圖〉（如附圖一）亦與預測新生兒未來之吉凶有關。

附圖一

引自《睡虎地秦墓竹簡》，頁206

〈人字圖〉是由上下兩個記有秋冬及春夏字樣的人體略形所組成，並將
身體之各部位劃分為七個部分，且分別記有十二地支。〈人字圖〉旁並且有文
字做解釋：

人字，其日在首，富難勝毆（也）。夾頸者貴。在奎者富。在掖（腋）
者愛。在手者巧盜。在足下者賤。在外者奔亡。〔註84〕

可見十二地支所代表的，應是嬰孩出生之日期，並將此日期配合不同季節所
代表的人體不同部位，以預測嬰兒未來的吉凶休咎。

這些生辰禁忌所運用的形式和方法雖有所不同，有的純粹以天干地支來
推測；有的則尚需配合著月、星象或季節。但是，由此亦可以窺見當時人們

〔註82〕《睡虎地秦墓竹簡・日書甲種・稷辰》，頁184～185。
〔註83〕《睡虎地秦墓竹簡・日書甲種・星》，頁191～192。
〔註84〕《睡虎地秦墓竹簡・日書甲種・人字》，頁206。

是如何地重視嬰兒出生時的生辰禁忌。他們相信：嬰兒若是在好的時辰出生，則日後必能富貴榮華；若是出生的時辰不佳，則嬰兒未來可能貧病交加，甚且夭折。因此，當嬰兒出生的時辰若適逢大凶，父母在禁忌的心理下，甚至將其殺害。這種情況，當時稱之爲「不舉」。《日書》對此亦有所記載：

> 凡己巳生，勿舉，不利父母，男子爲人臣，女子爲人妾。〔註85〕

在所有「不舉子」的風俗中，最著名的莫過於不舉農曆五月生的嬰孩。而這種風俗，至遲於戰國時代便已出現了。《史記・孟嘗君列傳》載道：

> 初，田嬰有子四十餘人。其賤妾有子名文，文以五月五日生。嬰告其母曰：「勿舉也。」其母竊舉生之。及長，其母因兄弟而見其子文於田嬰。田嬰怒其母曰：「吾令若去此子，而敢生之，何也？」文頓首，因曰：「君所以不舉五月子者，何故？」嬰曰：「五月子者，長與戶齊，將不利其父母。」〔註86〕

這種關於五月生的孩子不予以收養的禁忌，對後世的生育風俗有極爲深遠的影響。〔註87〕

　　這些生辰的禁忌，是如何產生？我們很難從其中考察出確切的原因。宋兆麟對於《日書》中所載的生辰禁忌，認爲「這種生子不舉風俗來自性禁忌」。〔註88〕不過，宋氏對生辰禁忌與性禁忌之間的關聯性，並未加以說明。因此，宋氏的論點仍需再經考察。

　　至於，忌諱五月所生的小孩，陳來生對此也有解釋。他認爲：

> 這種禁忌大概受感應巫術的影響。五月份是五毒並出的毒月，此時婚娶、交接、生子等必受感應。〔註89〕

若以科學的角度來檢視，含有夏至的農曆五月，正臨春雨甫去、酷暑將臨之際。此時氣候變化極不穩定，正是流行病猖獗的時刻。在醫學水準不如今日的古代，此時特別容易發生意外事故。婦女於這個時候分娩生子，不僅對脆弱的幼兒有不良的影響；產婦本身也因大量失血，抵抗力減低，也有可能造成損傷。因此，才會有這種禁忌的產生。王充在《論衡・四諱篇》中便云：

> 五月陽盛，子以此月生，精熾熱烈，壓勝父母。父母不堪，將受其

〔註85〕《睡虎地秦墓竹簡・日書乙種・生》，頁254。
〔註86〕瀧川龜太郎，《史記會注考證》，頁949。
〔註87〕參見尚秉和，《歷代社會風俗事物考・古忌五月五日生》，頁321。
〔註88〕宋兆麟，《生育神與性巫術研究》，頁87。
〔註89〕陳來生，《中國禁忌》，頁30。

患。〔註90〕

正是這種禁忌產生原因的最佳詮釋。

第三節　生產後之禁忌

　　隨著嬰兒地順利誕生，產婦及其家人自求子、受孕、懷孕以至分娩等過程中之種種辛勞，總算有了代價。然而，嬰兒的呱呱墜地，並不意味著所有辛勞就此結束；相反的，嬰兒的父母及長輩，有著更大的責任需要承擔。因為，嬰兒期是人生命中最為脆弱的一個時期，嬰兒要能夠健康正常的成長，實有賴於長輩們的細心呵護。《尚書・康誥》中所說的「若保赤子」〔註91〕正說明了幼兒保養之不易。特別是在醫藥衛生不甚發達的古代，幼兒的存活率不高，患病甚至夭折的事情時有所聞。雲夢睡虎地秦簡《日書》中，許多關於嬰兒「有疾」、「旬死」、「三月死」、「不盈三歲死」的記載，均足以說明育嬰之困難。

　　由於養育幼兒的不易，春秋、戰國時代的人們對育嬰方面，也產生了許多的禁忌。他們相信藉由遵守種種禁忌的規定，必能保證孩子發育的健康以及未來的幸福；若是違反了禁忌，則對嬰兒及父母均有不良的影響。除此之外，基於當時宗法制度及傳宗接代的觀念，也衍生出一些相關的禁忌。本節的重點，即在透過文獻之記載，以及考古發掘的新資料，來討論春秋、戰國時代生產後的禁忌。以下擬從產房、性別、胞衣、生辰、聲形、收子與命名等七個部分，對嬰兒出生後的禁忌加以敘述，希望對當時的風俗習慣，能有更深一層的認識。

一、產房的禁忌

　　產房禁忌，是婦女生產後首先需要遵守的禁忌。它可以說是延續著分娩時之產房禁忌而來的。然而，其中的內容和目的則有所不同，仍需予以討論。因此，在探索春秋、戰國時代生產後之禁忌時，即先從分娩後的產房禁忌，加以敘述及討論。

　　在整個生育禮俗的過程中，從未孕前的求子，到分娩前設置產房的種種

〔註90〕黃暉，《論衡校釋》，頁979。
〔註91〕《十三經注疏〔1〕尚書》，頁202。

習俗，都是爲了嬰兒誕生而做的準備。嬰兒誕生前，孕婦需要「出居于側室」，安心地等待嬰兒之降臨。此時，除了少數特定的人，是不許他人隨意進出產房；即使是孕婦的丈夫，也在嚴格禁止之列。等到嬰兒出生之後，這種產房的禁忌，仍需要維持一段時間。《禮記‧內則》中載道：

> 妻將生子，及月辰，居側室。夫使人日再問之。作而自問之，妻不敢見，使姆衣服而對。至於生子，夫復使人日再問之。

可以看出：嬰兒出生之後，做父親的仍不得隨意進入產房，只能派人一天問候產婦兩次，察問產婦及嬰兒是否安好。

這段生產後的產房禁忌，需要持續多久的時間？文獻中並未確切地說明。然而，從《禮記》之記載，我們可從中看出些端倪。《禮記‧內則》云：

> 子生，……三日，始負子。……國君世子生，告於君，接以大牢，掌具。三日，卜士負之。……三月之末，擇日翦髮爲鬌。……是日也，妻以子見於父。

在春秋、戰國時代，人們往往把接子的儀式放到生產後的第三天才舉行，亦即後世俗稱的「三朝禮」。由此可以推論嬰兒至少要到出生三天後，才能抱出產房施行接子之禮；至於產婦，則需要在產房內靜養三個月，等到健康和體力恢復之後，才得以離開。

除此之外，在產房禁忌期間，人們也會爲嬰兒，實行一些必要的禮節。首先，是爲嬰兒的出生所行的慶生之禮。《詩經‧小雅‧斯干》云：

> 乃生男子，載寢之牀，載衣之裳，載弄之璋。……乃生女子，載寢之地，載衣之裼，載弄之瓦。

這些不同的禮節，是根據嬰兒性別之差異而實施的。很明顯地，這些儀式的目的是爲了慶賀新生命的降臨，並且預祝嬰兒能有美好的未來。〔註92〕

其次，當時的人們亦根據新生兒性別之不同，施以不同的祓除儀式。例如，《禮記‧內則》載道：

> 子生，男子設弧於門左，女子設帨於門右。三日，始負子，男射女否。國君世子生，告於君，接以大牢，掌具。三日，卜士負之；吉者宿齊朝服寢門外，詩負之；射人以桑弧蓬矢六，射天地四方。

其中，設弧、帨於門之左右，與「以桑弧蓬矢六，射天地四方」，雖也含有祝

〔註92〕李甲孚認爲：「弄璋」是希望男嬰成人後人品如玉之高潔；瓦是一種紡塼，「弄瓦」是希望女子長大後，習勞執勤。（見氏著《中國古代的女性》，頁3）

福之意；然而，其原始的目的，應在於祓除不祥。《左傳・昭公四年》云：

> 桃弧棘矢，以除其災。

即可看出在古人的心目中，用特定材料做成的弓箭，是具有除災避邪之作用。

此外，據孔穎達《疏》的解釋，蓬是「禦亂之草」，〔註93〕故「蓬矢」是具有「禦亂」的功能；至於「桑弧」也有類似的作用。雲夢睡虎地秦簡《日書》中云：

> 人毋（無）故而鬼惑之，是擎鬼，善戲人。以桑心爲丈（杖），鬼來而毄（擊）之，畏死矣。……鬼恆爲人惡眚（夢），嘗（覺）而弗占，是圖夫。爲桑丈（杖）奇（倚）戶內，復（覆）戶外，不來矣。〔註94〕

可以看出「桑」亦具有趨災避邪的功效。因此，在接子的儀式中，用可以趨邪禦亂的蓬、桑所做成具有除災功能的弓箭，向天地四方射去，其目的是在於祓除不祥。

至於，在產房門上掛以弧、帨，也應具有相同之作用。趙建偉曾對雲南之撒尼族做過調查，其中「撒尼族家裡生了小孩後，門上掛弓，據說這樣做，死掉的祖父母的鬼魂就不會來纏這個小孩了」，〔註95〕亦足以看出：春秋、戰國時代，於產房門外掛上弧或帨，也是爲了防止凶邪侵害，以避免嬰兒夭折。

撇開巫術迷信的色彩，產後的婦女及初生的嬰兒，身體狀況均極爲虛弱，抵抗力不強。此時，確實需要注意避免與可能帶有各種細菌的外人接觸，所以需要在產房內靜養一段時間。至於，在門上掛上標記，也可提醒閒雜人等，不要隨意出入，以免影響產婦及嬰兒的靜養。〔註96〕因此，產房禁忌可說是源自於人們生活經驗的積累，仍是有其合理性的，不能徒以迷信愚昧視之。

二、性別的禁忌

自人類文明進入農業社會以後，由於男子在農業耕作上的功用與地位，人類社會逐漸從母系社會演變爲父系社會。隨著父系社會的出現，重男輕女

〔註93〕《十三經注疏〔5〕禮記》，頁534。
〔註94〕《睡虎地秦墓竹簡・日書甲種・詰》，頁212～213。
〔註95〕趙建偉，《人世的"禁區"──中國古代禁忌風俗》，頁96。
〔註96〕參見楊宗等編，《中國實用禁忌大全》，頁8。

的觀念也必隨之產生；加以父權在封建制度、宗法制度中的地位，以及子孫觀念的推波助瀾，男子更被視為傳宗接代、延續宗族的命脈，這對重男輕女的觀念更有強化的作用。這種重男輕女的觀念，反映在生育禮俗之中，即產生了對子女性別的禁忌。

《詩經‧小雅‧斯干》云：

> 乃生男子，載寢之牀，載衣之裳，載弄之璋。……乃生女子，載寢
> 之地，載衣之裼，載弄之瓦。

雖有學者認為這些禮儀的差異，只是因子女性別之不同而有不同的祝福之意，並沒有男尊女卑的意味。〔註97〕但是，一在床，一在地，仍應具有尊卑的意義。此外，《禮記‧內則》亦載：

> 子生，男子設弧於門左，女子設帨於門右。三日，始負子，男射女
> 否，以桑弧蓬矢六，射天地四方。

春秋、戰國時代，「尚左」是一般禮節中的習慣。〔註98〕因此，「男子設弧於門左，女子設帨於門右」，很明顯的，也是具有男尊女卑的涵義；此外，「以桑弧蓬矢六，射天地四方」是含有祓除凶邪的作用，〔註99〕這種儀式只施用於男嬰，亦可窺見當時對男嬰之重視程度高於女嬰。

這種生兒育女的性別禁忌，我們至少可追溯到殷商時代。甲骨卜辭中，有許多占卜胎兒性別的刻辭，若胎兒是男性，則稱為「放」；若是女性，則為「不放」。據胡厚宣的解釋：

> 然則所謂放者何義也？曰：放字本作𤔲，……其實字從女從力，所
> 從力與男字、魯字、劦字……所從之，同為耒犁之形，後世書為力
> 字。〔註100〕

而胡氏將其解釋為「嘉」，可以看出：殷人在生育禮俗中，便已經有了重男輕女的觀念，認為生男孩為「嘉」，生女孩則為「不嘉」；而這種觀念之產生，也確實與農業生產有密切的關係。

這種生育禮俗中的性別禁忌，直到春秋、戰國時代，其影響力仍及於一般大眾。雲夢睡虎地秦簡《日書》中，便有許多這類禁忌的記載，例如：

〔註97〕參見李甲孚，《中國古代的女性》，頁3。

〔註98〕參見黃發忠，〈尊左與尊右的源與流〉，《文史知識》1985年第六期，頁58～61。

〔註99〕參見白川靜著，王巍譯，《中國古代民俗》，頁193。

〔註100〕胡厚宣，〈殷代婚姻家族宗法生育制度考〉，頁155～156。

達日，……生男子吉，女必出於邦。〔註101〕

甲寅之旬，不可取妻，母（無）子；雖有，母（無）男。〔註102〕

即可看出當時人們對男嬰及女嬰的差異。此外，天水放馬灘甲種《日書》中，也記載著對胎兒男女性別的占測：

平旦生女，日出生男，夙食女，莫食男，日中女，日西中男，昏則女，日下則男，日未入女，日入男，昏女，夜莫男，夜未中女，夜中男，夜過中女，雞鳴男。〔註103〕

以及，馬王堆漢墓《胎產書》中，有關生男生女的方法，例如：

懷子未出三月者，呻（吞）爵甕二，其子男殹（也）。一曰：取爵甕中虫青北（背）者三，產呻（吞）之，必產男，萬全。〔註104〕

其主要的目的，應仍在於希望透過這些巫術的手段，藉此獲得男嬰，以便傳宗接代。

在重男輕女的春秋、戰國時代，反映在生育禮俗中的性別禁忌，就是希望婦女分娩時能夠產下男嬰，而忌諱生下女嬰。其影響所及，甚至有溺殺女嬰的情形發生。《韓非子・六反篇》中即云：

父母之於子也，產男則相賀，產女則殺之。〔註105〕

正是當時這種性別禁忌的最佳寫照。

三、胞衣的禁忌

胞衣，又稱為胎衣、胎盤。它是嬰兒在母體子宮內時，包裹並且保護胎兒的東西。在婦女分娩後，它會隨著嬰兒排出產婦的體外。

由於胞衣和嬰兒的關係，所以一般民間風俗信仰中，即根據感致巫術中之接觸律，認為胞衣與嬰兒始終存在著微妙並且神秘的聯繫。人們相信新生兒的胞衣，關係到他身體的健康與一生的前途。所以，對嬰兒的胞衣，父母們要妥善的收藏，以免對孩子造成不良的影響。

若是追溯胞衣禁忌之源流，這種禁忌至少在戰國時代便已出現了。

〔註101〕《睡虎地秦墓竹簡・日書甲種》，頁181。
〔註102〕同前註，頁209。
〔註103〕秦簡整理小組，〈天水放馬灘秦簡甲種《日書》釋文〉，收錄於甘肅省文物考古研究所編，《秦漢簡牘論文集》，頁2。
〔註104〕《馬王堆漢墓帛書〔肆〕》，頁138。
〔註105〕清・王先慎，《韓非子集解》，頁647。

　　一九七三年底，於長沙馬王堆三號漢墓的發掘中，發現了許多古代的醫書，其中《胎產書》及《雜療方》等帛書，便對埋藏嬰兒胞衣的方法及其作用，均有詳細的記載，現將其內容轉引於下。《胎產書》云：

> 凡治字者，以清〔水〕灓（澣）包（胞）☐。一曰：必孰（熟）洒灓（澣）〔胞〕，有（又）以洒灓（澣）……以瓦甌，毋令虫蛾（蟻）能入，……使嬰兒毋（無）疕、曼理、壽☐。一曰：貍（埋）包（胞）席下，不疕騷（瘙）。內中☐☐☐☐以建日飲。字而多男毋（無）女者而欲女，後☐☐☐包（胞）貍（埋）陰垣下。多女毋（無）男，亦反〈取〉〔胞〕貍（埋）陽垣下。一曰：以甗衣約包（胞），貍（埋）之。……女子鮮子者產，令它人抱其☐，以去☐☐濯其包（胞），以新布裹之，爲三約以斂之，入☐中，令其母自操，入谿谷☐☐☐之三，置去，歸勿顧；即令它人善貍（埋）之。〔註106〕

《雜療方》亦云：

> 字者已，即以流水及井水清者，孰洒灓（澣）其包（胞），孰捉，令毋（無）汁，以故瓦甗毋（無）無（蕪）者盛，善密蓋以瓦甌，令虫勿能入，貍（埋）清地陽久見日所，使嬰兒良心智、好色、少病。
> 〔註107〕

從以上的記載，我們可以得知：在埋藏胞衣前要先用清水將胞衣清洗潔淨，待胞衣乾燥之後，再把它放入清潔的舊瓦甗中，並用瓦甌密封之，以免蟲蟻侵入蛀蝕胞衣；隨後將胞衣埋藏在幽靜的地方，以免被人不慎挖出。之所以要如此大費周章地處理嬰兒的胞衣，是因爲人們相信胞衣和嬰兒有著密切的關聯。胞衣能夠保持潔淨完好，嬰兒才會有良好的身心健康；不但能使嬰兒的肌膚柔膩，沒有瑕疵，並且能夠使他的心智聰敏，少患疾病。此外，胞衣的埋藏，對日後的生兒育女，甚至多產，也有其影響力。

　　此外，在《胎產書》的左上部，並畫有〈南方禹藏圖〉一幅（如附圖二），也和埋藏胞衣的禁忌有關。

〔註106〕《馬王堆漢墓帛書〔肆〕》，頁 137～139。
〔註107〕同前註，頁 126。

附圖二

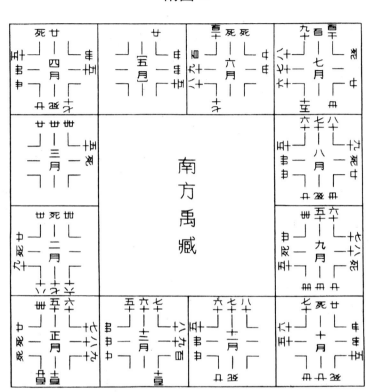

引自《馬王堆漢墓帛書【肆】》，頁 134

　　至於〈南方禹藏圖〉之使用方法，則記錄於《雜療方》之〈禹藏埋胞圖法〉中：

> 禹臧（藏）貍（埋）包（胞）圖法：貍（埋）包（胞），避小時、大
> 時所在。以產月，視數多者貍（埋）包（胞）。〔註108〕

亦即依照嬰兒出生的月份，將胞衣埋藏在〈南方禹藏圖〉中當月數目字多的方位上；並且切記要避開各月大時、小時所在的方位，以免對嬰兒造成不良之影響。

　　關於所謂的「大時」、「小時」，可以參考《淮南子》中的解釋。《淮南子·天文訓》載：

> 斗杓爲小歲，正月建寅，月從左行十二辰。咸池爲太歲，二月建卯，

> 月從右行四仲，終而復始。……大時者，咸池也；小時者，月建也。
> 〔註109〕

可以看出，大時即指的是太歲，小時則為月建。若參照〈南方禹藏圖〉，圖中方位中所標示的「死」字，即代表大時、小時的所在。〔註110〕因此，在埋藏胞衣時，要避開圖中各月「死」字所在的方位。而埋藏胞衣要避開凶位的目的，則如《醫心方》卷二十三引《產經》之言：

> 昔禹於雷澤之上，有一婦人悲哭而來。禹問其由，答曰：「妾數生子而皆夭死，一無生在，故哀哭也。」禹教此法，皆長壽，無復夭失也。〔註111〕

以及圖法中「視數多者埋胞」和避開「死」之記載，可以得知〈南方禹藏圖〉便是為使嬰兒長壽而免於夭折所設的。

由以上的敘述，可以窺知當時的人們相信：胞衣的埋藏不但關係著嬰兒的夭壽以及身心的健康；甚至對產婦未來的生兒育女，也有極為重大的影響。無怪乎當時的人會非常重視胞衣的埋藏，而將其視為禁忌了。

四、生辰的禁忌

在第二節中曾討論過嬰兒出生時的生辰禁忌，人們忌諱嬰兒於不佳的時刻出世。在此所要談的生辰禁忌，則是在嬰兒出生之後，不論其生辰之好壞，他的家人對其生辰，均要妥為保密，不能輕易讓外人知道。

《禮記·內則》中，便對產後嬰兒的生辰禁忌，有極為詳細的介紹：

> 子生，……三月之末，擇日翦髮為鬌。……是日也，妻以子見於父。……夫入門，升自阼階，立於阼西鄉。妻抱子出自房，當楣立東面。……父執子之右手，咳而名之。妻對曰：「記有成。」遂左還，……妻遂適寢。夫告宰名，宰辯告諸男名，書曰：「某年某月某日某生」而藏之。宰告閭史，閭史書為二，其一藏諸閭府，其一獻諸州史。州史獻諸州伯，州伯命藏諸州府。

由以上之記載，可以看出：春秋、戰國時代的人們，對嬰兒的生辰，是如何妥

〔註109〕漢·劉安，《淮南子·卷三·天文訓》（《諸子集成》本），頁42。

〔註110〕由〈南方禹藏圖〉中「死」字之位置，可以看出太歲是從左行四仲，和《淮南子》之內容有所差異。

〔註111〕引自《馬王堆漢墓帛書【肆】》，頁126。

善地收藏。因為，在當時巫術瀰漫的時代裡，人們根據感致巫術中的相似律原則，認為一個人的生辰八字便代表著這個人，如果生辰八字為外人，尤其是敵人所知曉，則他們經由對這個人的生辰八字施以巫術，便能夠加害於此人。

隨著對出生年、月、日的禁忌，春秋、戰國時代也連帶著對人的年齡有所禁忌。例如，《左傳‧襄公九年》云：

> 公送晉侯，晉侯以公宴於河上，問公年。季武子對曰：「會于沙隨之歲，寡君以生。」

其中對年齡的多寡，都不直接表明。此外，《禮記》的〈曲禮〉及〈少儀〉兩篇，對年齡的禁忌，有更詳細的說明。《禮記‧曲禮下》云：

> 問天子之年，對曰「聞之，始服衣若干尺矣。」問國君之年，長曰「能從宗廟社稷之事矣」；幼曰「未能從宗廟社稷之事也。」問大夫之子，長曰「能御矣」；幼曰「未能御也。」問士之子，長曰「能典謁矣」；幼曰「未能典謁也。」問庶人之子，長曰「能負薪矣」；幼曰：「未能負薪也。」

《禮記‧少儀》則云：

> 問國君之子長幼，長則曰「能從社稷之事矣」；幼則曰「能御未能御。」問大夫之子長幼，長則曰：「能從樂人之事矣」；幼則曰「能正於樂人，未能正於樂人。」問士之子長幼，長則曰「能耕矣」；幼則曰：「能負薪未能負薪。」

由以上文獻之記載看來，春秋、戰國時代，上自天子，下迄庶民，都普遍存在著這種年齡的禁忌。

孫希旦對此一禁忌曾有所解釋：

> 凡問人之長幼，皆不斥言其年齡者，敬也。古人於年之長幼，多以尺度言之。《周禮》〈鄉大夫〉：「國中自七尺以至六十；野自六尺以及六十五，皆征之。」《孟子》言：「五尺之童」是也。〔註112〕

孫氏雖然認為這種禁忌是出於「敬」的心理，然而，從他所引的《周禮》與《孟子》中的例子，以及《禮記》〈曲禮〉、〈少儀〉的記載，可以看出這種對年齡的禁忌，主要是適用於未成年人的身上。因為，未成年人尚處於「幼」的階段，對巫術的抵抗力沒有成年人來得大。因此，對他們的年齡多寡，就需特別的保密，不得輕易讓別人知曉。所以，這種對年齡的禁忌，究其根源，

〔註112〕孫希旦，《禮記集解‧曲禮下》，頁134。

仍應出自於巫術的觀念。

五、嬰兒聲形的禁忌

嬰兒嬌柔的聲音與稚弱的形體，往往是長輩們所疼愛的焦點。然而，在春秋、戰國時代，人們對嬰兒的聲形，卻有著另一種的觀感。他們可以根據嬰兒初生時的哭聲與形體，預測出嬰兒的性格與未來的命運。因此，嬰兒的哭聲與形體，若是有所異樣，則為人們所忌諱，而引為禁忌；有時甚至也成為嬰兒生命是否能保全的依據。《左傳·襄公二十六年》云：

> 初，宋芮司徒生女子，赤而毛，棄諸堤下。共姬之妾，取以入之，
> 名曰「棄」。

便是因嬰兒的形體有異，而遭親人遺棄的例子。

有關春秋、戰國時代嬰兒聲形的禁忌，可以從文獻中檢索出多處的記載。例如，《左傳·宣公四年》：

> 初，楚司馬子良生子越椒。子文曰：「必殺之！是子也，熊虎之狀而
> 豺狼之聲。弗殺，必滅若敖氏矣。諺曰：『狼子野心。』是乃狼也，
> 其可畜乎？」

又，《左傳·昭公二十八年》載：

> 伯石始生，子容之母走謁諸姑，曰：「長叔姒生男。」姑視之。及堂，
> 聞其聲而還，曰：「是豺狼之聲也。『狼子野心』，非是，莫喪羊舌氏。」
> 遂弗視。

《國語·晉語》亦云：

> 叔魚生，其母視之，曰：「是虎目而豕喙，鳶肩而牛腹。谿壑可盈，
> 是不可饜也，必以賄死。」遂不視。〔註113〕

《大戴禮記·保傅篇》亦載道：

> 太子生而泣，太師吹銅曰：「聲中某律。」〔註114〕

由以上的種種記載看來，春秋、戰國時代，普遍存在著對初生嬰兒哭聲與形體的禁忌。

這種嬰兒聲形的禁忌，是如何產生的呢？從前引的例子看來，它的起源似乎與人們對動物的禁忌，有著某種程度的聯繫。也就是將某些動物的特性，

〔註113〕《國語·晉語八·叔向母曰羊舌氏必滅》，頁453。
〔註114〕王聘珍，《大戴禮記解詁》，頁60。

應用於嬰兒聲形的禁忌之中。例如，嬰兒的哭聲或形體類似熊、虎、豺、狼等凶猛的動物，則判斷嬰兒的個性也如這些動物般的猛戾。《山海經》中也有許多動物的禁忌，是與人有關的。例如，《山海經·中山經·中次二經》即云：

> 蔓渠之山……有獸焉，其名曰馬腹，其狀如人面虎身，其音如嬰兒，
> 是食人。〔註115〕

更可以看出嬰兒的聲音與動物禁忌之關係。

此外，這種禁忌可能與當時流行的相人術也有密不可分的關係。《荀子·非相》云：

> 古有姑布子卿，今之世梁有唐舉，相人之形狀、顏色而知其吉凶、
> 妖祥，世俗稱之。〔註116〕

《左傳·文公元年》亦云：

> 初，楚子將以商臣爲大子，訪諸令尹子上。子上曰：「……是人也，
> 蜂目而豺聲，忍人也，不可立也。」

可以窺知：相人術在春秋、戰國時代便早已存在了。

隨著相人術的發展，加以當時每以人天生的異象爲天命之徵兆。因此，相人術也運用在嬰兒的身上，而形成了嬰兒聲形的禁忌。尤其是在當時社會流動劇烈的時代中，人們相信子嗣的性格與命運，直接影響著家族的盛衰興亡。所以，對嬰兒初生時的聲形禁忌，也就更爲重視了。希望能在嬰兒一出生時，即根據他的哭聲與形體，預測他未來對家族前途的影響。若是將有不良的影響，其父母及長輩則能事先做預防，以免眞的造成不幸。前引越椒、伯石等人出生時的例子，就是在違犯這種禁忌而又未防範的情況下，最後造成整個家族滅絕的命運。

從以上的論述，可以證明：春秋、戰國時代的人們，是如何地重視嬰兒的聲形禁忌；他們是如何地忌諱嬰兒初生時的哭聲或形體類似某些凶猛貪殘的動物，而將此引以爲禁忌了。

六、收子的禁忌

《史記·日者列傳》引司馬季子之言曰：

〔註115〕袁珂，《山海經校注》，頁123～124。

〔註116〕清·王先謙，《荀子集解·卷三·非相》（《無求備齋荀子集成〔21〕》），頁
　　　　105～106。

家產子，必先占吉凶，後乃有之。〔註117〕

司馬貞《索隱》對此解釋說：

> 謂若卜之不祥，則或不收也；卜吉而後有，故云有之。〔註118〕

也就是說：在孩子出生之後，需要經過占卜的方式，預測孩子的吉凶（包括孩子本身以及是否對父母不利）。若是結果爲吉，父母則繼續養育之；若凶，則嬰兒便有被拋棄甚且溺殺之虞。

這種經由占卜的方式，以決定是否收養嬰兒的禁忌，至少於殷商時代便已出現了。在殷代的甲骨卜辭中，即有許多對初生嬰兒占卜的刻辭。如「己亥卜，王，余弗其子帚致子」、「貞帚鼠冥，余弗其子，四月」等，均是此一類的記載。胡厚宣認爲：

> 此動詞「子」者，即以婦某所生之子爲兒子之義。蓋殷王所生之子，或必經過一種貞卜之選擇，然後始承認之。卜之吉，始承認其爲子，而命之名；卜之不吉，則弗子。是即卜辭所稱之子與弗子也。〔註119〕

這種對初生嬰兒占卜吉凶，以決定收養與否的方式，在春秋、戰國時代仍是相當盛行的。《左傳‧莊公二十二年》云：

> 陳厲公，蔡出也，故蔡人殺五父而立之。生敬仲。其少也，周史有以《周易》見陳侯者。陳侯使筮之，遇〈觀〉之〈否〉，曰：「是謂『觀國之光，利用賓于王』。此其代陳有國乎？不在此，其在異國；非此其身，在其子孫。……。」

《左傳‧昭公五年》亦載：

> 初，穆子之生也，莊叔以《周易》筮之，遇〈明夷〉之〈謙〉，以示卜楚丘。楚丘曰：「是將行，而歸爲子祀。以讒人入，其名曰牛，卒以餒死。」

可見當時對初生嬰兒的占卜，仍極爲重視。其中必有因占卜之結果不祥，而遭遺棄或殺害的嬰兒。

除了透過以《周易》占卜的方式，來預測嬰兒之吉凶禍福，春秋、戰國時代尚有其它的方法，來對嬰兒進行預測。例如，前面所討論之嬰兒的聲形禁忌，

〔註117〕瀧川龜太郎，《史記會注考證》，頁1336。
〔註118〕同前註。
〔註119〕胡厚宣，〈殷代婚姻家族宗法生育制度考〉，頁159。

便是其中的一種方式。此外，最普遍的方式，莫過於依嬰兒出生之日期，以決定收養與否的。例如，凡在忌日出生的嬰兒，往往不予養育；尤其是在大凶之日所出生的，更有被親生父母殺害的危險。《史記·孟嘗君列傳》中所說的：

> 田嬰有子四十餘人，其賤妾有子名文。文以五月五日生，嬰告其母
> 曰：「勿舉也。」〔註120〕

正是這類方法的最佳例子。此外，雲夢睡虎地秦簡《日書》中，亦有許多這類禁忌的記載，如：

> 丙子生子，不吉。……癸卯生子，不吉。……乙巳生子，吉。……
> 丁未生子，不吉，母（無）母，必賞（嘗）轂（繫）囚。〔註121〕
> 凡己巳生，勿舉，不利父母，男子為人臣，女子為人妾。〔註122〕

由以上的種種記載，可以看出：在春秋、戰國時代，人們會經由各種方式，對初生嬰兒的吉凶預做占卜。其占卜的結果，小至嬰兒本身的健康、對父母的剋害，大至對整個家族的未來，若是有不良的影響，人們往往視之為禁忌。許多初生的嬰兒，便在違犯這種禁忌之情形下，被自己的父母拋棄或殺害，而失去了性命。

七、命名的禁忌

在春秋、戰國時代，人們往往於嬰兒出生三個月後，才為他取名。例如，《儀禮·喪服傳》云：

> 故子生三月，則父名之。

《禮記·內則》中，對此更有詳細的說明：

> 子生，……三月之末，擇日翦髮為鬌，男角女羈，否則男左女右。
> 是日也，妻以子見於父。……夫入門，升自阼階，立於阼西鄉；妻
> 抱子出自房，當楣立東面。……姆先，相曰：「母某敢用時日祇見孺
> 子。」夫對曰：「欽有帥。」父執子之右手，咳而名之。……夫告宰
> 名，宰辯告諸男名，書曰「某年某月某日某生」而藏之。

何以需要等到嬰兒出生三個月後，才為他取名？在醫藥水準不發達的時代裡，嬰兒的存活律不高；再加上靈魂觀念的影響，人們認為嬰兒是由死去的

〔註120〕〔日〕瀧川龜太郎，《史記會注考證》，頁949。
〔註121〕《睡虎地秦墓竹簡·日書甲種·生子》，頁203～204。
〔註122〕同前註，《日書乙種·生》，頁254。

祖先之靈魂所轉生的，剛剛出世的嬰兒只是部分地誕生。﹝註123﹞因此，需要經過一段時間，等到嬰兒脫離生死未決的階段，才爲他正式取名。此外，讓嬰兒及產婦在產房中靜養一段時間，待身體健康無虞之後，再走出產房，舉行種種的命名儀式，對嬰兒及產婦也是有著相當助益的。

　　取名，是嬰兒誕生儀禮中十分重要的一項。從《禮記·內則》中的記載，可以看出：爲嬰兒取名之後，長輩們會將嬰兒的乳名妥爲保密，不能隨意透露給別人知道。因爲，古人認爲乳名是自己身體的一部分，不但不能隨便稱呼，甚至需要保密。

　　這種乳名的禁忌，在世界各民族中均普遍存在著。例如，弗雷澤即云：

> 未開化的民族對於語言和事物不能明確區別，常以爲名字和它們所代表的人或物之間不僅是人思想概念上的聯繫，而且是實際物質的聯繫，從而巫術容易通過名字，猶如透過頭髮指甲及人身其他任何部分來爲害於人。事實上，原始人把自己的名字看作是自身極重要的部分，因而非常注意保護它。﹝註124﹞

可見，對乳名的保密，是爲了保護嬰兒的生命安全。因此，趙建偉即認爲：

> 古人起字的動機可能就是爲了保護乳名，是一種危險的轉移。……對乳名所設的禁忌，是基於先民時期的法術崇拜，是怕仇敵及妖鬼以巫術的方式對己名施術而置自己於死地的。﹝註125﹞

由以上中外學者的論述，便可以看出古人對乳名禁忌之目的。

　　春秋、戰國時代，除了乳名的禁忌之外，人們在爲孩子取名之時，尚有許多應該遵循的原則。《左傳·桓公六年》載道：

> 九月丁卯，子同生。以大子生之禮舉之：接以大牢。……公問名於申繻。對曰：「名有五：有信，有義，有象，有假，有類。以名生爲信，以德命爲義，以類命爲象，取於物爲假，取於父爲類。」

王充於《論衡·詰術篇》中，對此有所解釋：

> 周人履大人跡，則姬氏。其立名也，以信、以義、以像、以假、以類。……以生名爲信，若魯公子友生，文在其手曰「友」也。以德名爲義，若文王爲昌，武王爲發也。以類名爲像，若孔子名丘也。

﹝註123﹞參見列維·布留爾著，丁由譯，《原始思維》，頁333～334。

﹝註124﹞弗雷澤著，汪培基譯，《金枝》，頁367。

﹝註125﹞趙建偉，《人世的"禁區"——中國古代禁忌風俗》，頁103～104。

取於物爲假，若宋公名杵臼也。取於父爲類，有似類於父也。〔註126〕

可見得當時人們爲孩子取名時，大都依據「信、義、象、假、類」等五項原則。

除了這些原則外，當時還有幾種常見的命名方式。一曰夢象法，《國語·周語下》云：

> 襄公有疾，召頃公而告之曰：「……吾聞成公之生也，其母夢神規其臀
> 以墨，曰：『使有晉國，三而畀驩之孫。』故名之曰『黑臀』。」〔註127〕

即根據夢中所見之現象來爲孩子命名。因爲，在中國古代，夢往往被理解爲是一種來自神靈的啓示，是神靈將自己的意志傳遞給人的神秘方式。因此，人們非常相信夢中所見到的一切徵兆，並把它應用於爲孩子的命名之上。

二曰占卜法。是以占卜的形式，祈求神靈降下神示，以作爲替子女命名的依據。這也是春秋、戰國時代極爲普遍的一種命名方式，例如《左傳·閔公二年》載：

> 成季之將生也，桓公使卜楚丘之父卜之。曰：「男也，其名曰『友』，
> 在公之右，間于兩社，爲公室輔。季氏亡，則魯不昌。」又筮之，
> 遇〈大有〉之〈乾〉，曰：「同復于父，敬如君所。」及生，有文在
> 其手曰「友」，遂以命之。

此外，屈原於《離騷》中所說的：

> 皇覽揆余于初度兮，肇錫余以嘉名。〔註128〕

據陳直《楚辭拾遺》和聞一多《楚辭解詁》考證，「肇」即爲「兆」之假借字。〔註129〕而屈原於《九嘆·離世篇》亦云：

> 兆出名曰正則兮，卦發字曰靈均。〔註130〕

亦可看出屈原之名和字，也是經由占卜得來的。

三曰待事而名法。嬰兒初生時，父母並不立刻爲其取名，待以後發生重要且值得紀念的大事時，再以此爲孩子命名。例如，《左傳·文公十一年》記載：

> 鄋瞞侵齊，遂伐我。公卜使叔孫得臣追之，吉。……冬十月甲午，
> 敗狄于鹹，獲長狄僑如。富父終甥舂其喉以戈，殺之。埋其首於子駒
> 之門。以命宣伯。

〔註126〕黃暉，《論衡校釋》，頁 1033～1034。

〔註127〕《國語·周語下·單襄公論晉周將得晉國》，頁 96～99。

〔註128〕蔣天樞校釋，《楚辭校釋》，頁 6。

〔註129〕參見清·陳直，《楚辭拾遺》（杜松柏主編，《楚辭彙編〔7〕》），頁 568；

〔註130〕漢·劉向編，漢·王逸章句，宋·洪興祖補注，《楚辭章句補注》，頁 176。

《左傳‧襄公三十年》對此一事件，有更詳細的記載：

> 狄伐魯，叔孫莊叔於是乎敗狄于鹹，獲長狄僑如及虺也、豹也，而
> 皆以名其子。

可見除了叔孫僑如外，他的弟弟叔孫虺、叔孫豹之名，都是來自於其父所虜獲的三人之名。

這種以敵人之名作爲自己兒子取名的依據，乃是上古時代原始部落對人名所持觀念的殘留。在他們看來，人的名字即爲他本人生命之所繫。殺死並能取得一個勇敢將士的名字，並用以名子，他的兒子也就擁有這個將士同樣的勇氣與能力。〔註131〕可見得這種命名的方式，是含有巫術性質的。此外，《左傳‧定公八年》亦云：

> 苫越生子，將待事而名之。陽州之役獲焉，名之曰陽州。

也是這種待事而名法的例子。

春秋、戰國時代的命名方式，除了以上所介紹的種種原則與方法外，當時長輩爲孩子取名時，更需要遵循許多禁忌的規定。首先，是中國古代普遍存在著吉凶必有前兆的觀念。將這種觀念應用於取名的禁忌上，便形成了取名要取吉祥之名的行爲，至少也要避免、排斥不吉或晦氣之名。例如，《左傳‧桓公二年》載：

> 初，晉穆侯之夫人姜氏以條之役生大子，命之曰「仇」。其弟以千畝
> 之戰生，命之曰「成師」。師服曰：「異哉，君之名子也！夫名以制
> 義，義以出禮，禮以體政，政以正民。是以政成而民聽，易則生亂。
> 嘉耦曰妃，怨耦曰仇，古之命也。今君命大子曰仇，弟曰成師，始
> 兆亂矣。兄其替乎！」

《左傳》的作者認爲：日後成師之子孫曲沃武公之盡併晉地，早在晉穆侯爲仇與成師取名時，便已注定了。

然而，在春秋、戰國時代，有時父母會特地以較爲低賤的字眼來替子女取名。例如，《左傳‧僖公十七年》云：

> 惠公之在梁也，梁伯妻之。梁嬴孕，卜招父與其子卜之。其子曰：「將
> 生一男一女。」招曰：「然。男爲人臣，女爲人妾。」故名男爲圉，
> 女曰妾。

〔註131〕參見王泉根，〈兩周時代取名風俗初探〉，收錄於上海民間文藝家協會編，《中國民間文化（第七集）──人生禮俗研究》，頁15。

楊伯峻對此一記載，即認爲：

> 此古人迷信，名之以厭不祥。〔註132〕

這是因爲經由占卜的預測，得知子女之未來不祥，故以取賤名的方式來厭勝之。

雖然，後來子圉西質於秦，妾爲宦女，難逃爲人臣妾的命運。但是，這種取賤名以祓除不祥的方式，對日後長輩爲孩子取名時，仍有深遠的影響。

除少數例外的情形，春秋、戰國時代爲子女命名時，一般都忌諱用不吉利或是低賤的字眼。此外，前引《左傳・桓公六年》之記載：

> 公問名於申繻。對曰：「……不以國，不以官，不以山川，不以隱疾，不以畜牲，不以器幣。周人以諱事神，名，終將諱之。故以國則廢名，以官則廢職，以山川則廢主，以畜牲則廢祀，以器幣則廢禮。是以大物不可以命。」

以及《禮記・內則》：

> 凡名子，不以日月，不以國，不以隱疾。士大夫之子，不敢與世子同名。

也都是當時極爲重要的命名禁忌。

在這些命名之禁忌中，除以隱疾病痛取名，顯然是甚爲不祥，因此避忌外；其他，則牽涉當時避諱的制度。由於「周人以諱事神」，當一個人死後，便諱稱其名。尤其是在上位的貴族，如周天子者，其影響層面就更大了。若他們的名是日常生活中人們常使用的，則這些名詞便需要更改。如此，會造成相當大的不便。例如，《國語・晉語》即云：

> 范獻子聘於魯，問具山、敖山，魯人以其鄉對。獻子曰：「不爲具、敖乎？」對曰：「先君獻、武之諱也。」〔註133〕

因此，在取名時，即要儘量避免用日常生活中常使用的名詞，以免人死後，這些名詞也隨之避忌，而需更改名稱。至於，有關避諱的原因，將於春秋、戰國時代喪葬之禁忌時再加說明，在此暫時不予以討論。

小　結

從以上所討論的種種看來，春秋、戰國時代之生育禮俗中，由求子、懷

〔註132〕楊伯峻，《春秋左傳注・僖公十七年》，頁372。
〔註133〕《國語・晉語九・范獻子戒人不可以不學》，頁487。

孕,乃至生產後等過程,充斥著各式各樣的禁忌。不可諱言的,這些生育禁忌中,有許多是含有巫術迷信的成份。例如當時的人們相信,吃了某些動、植物,便能保證懷孕生子;生子之後要以弓矢射天地四方,以祓除凶邪,……等等,均明顯地含有巫術的性質。

然而,其中亦有許多禁忌是具有科學性及合理性的。只不過是在鬼神迷信觀念仍甚囂塵上的當時,為了要人們遵守這些禁忌的規定,故不得不透過神秘主義的方式,以增加其功效。因此,對這些春秋、戰國時代的生育禁忌,不能全以迷信無稽視之。

此外,當對春秋、戰國時代的生育禁忌做檢視時,不難發現其中蘊藏著一些內涵,可以看出當時人們的共同願望及心理。以下分別敘述之:

（1）祈求生子

從同姓不婚、未孕求子,到避免嬰兒的夭折,不可諱言的,「多子多孫」的觀念是影響春秋、戰國時代生育禁忌內容的最主要因素。人們小心翼翼地遵守著各種禁忌的規定,便是冀望能夠子孫綿延。未孕的婦女,非但會受丈夫及公婆的冷落,且有遭遺棄之虞;由於子嗣的缺乏,整個家族甚至會因此而衰敗滅絕。所以,將祈求多子多孫視為春秋、戰國時代人們遵守各種生育禁忌的最大目的,應是至為公允的。

（2）祈求子女健康

在醫學不發達的時代,生產是一件極為危險的事情,許多嬰兒便在生產過程中難產而死。即使順利產下,嬰兒的夭折率仍然相當得高。因此,在春秋、戰國時代的各種生育禁忌之中,例如:同姓不婚、禁止夫妻於特定時刻交接、胎教、嬰兒出生時的方位及時辰、胞衣的處理,乃至於產房的祓除儀式等等,其目的便是在於祈求子女之身體健康。此外,由這些生育禁忌的內容,亦可以看出「優生」的觀念在春秋、戰國時代便已出現了。

（3）祈求家族昌盛

在「高岸為谷,深谷為陵」,社會流動極為劇烈的春秋、戰國時代,祈求家族的昌盛繁榮,也是生育禁忌中的重要因素之一。在上層的統治階級,希望子孫能維持家族之聲勢於不墜,忌諱嬰兒出生時的身形與哭聲,以免毀家滅族;而庶人階層,則冀望子孫未來能夠「有爵」、「為大吏」,能夠平步青雲,晉陞於統治階層之列。由此,亦可發現春秋、戰國時代的生育禁忌,其目的除了在於繁衍子孫外,祈求家族的昌盛,亦為影響生育禁忌的重要因素。

　　經由祈求生子、子女健康以及家族昌盛等內涵的敘述，不但使我們在探討春秋、戰國時代之生育禁忌時，能夠對各項禁忌內容所代表的真正意義有所瞭解；並且使我們能由另一種角度，來探視歷史的發展，對當時的社會情況，相信也會有更深一層的認識。

第四章　春秋、戰國時代之婚姻禁忌

引　言

　　生育，是人類繁衍種族、傳承文明不可或缺的手段，誠如《禮記·禮運》中所云：

　　　　飲食男女，人之大欲存焉。

「飲食」是維持個人生命的必要方式；至於男女兩性的關係，則是人種延續的關鍵。因此，男女性愛的目的並不僅止於生理上之需要，其最大的意義仍在於人類種姓的繁衍。而欲使人類存續綿延，主要便是透過男女婚姻的關係來達成的。

　　然而，據一般人類學者之研究：生民之初，男女雖有性的結合，但主要是基於人類保種之自然法則所致，談不上有夫妻的名分，更不能以婚姻相論。先秦的許多典籍中，如《呂氏春秋·恃君覽》：

　　　　昔太古嘗無君矣，其民聚生群處，知母不知父，無親戚、兄弟、夫
　　　　妻、男女之別，無上下長幼之道。〔註1〕

《莊子·盜跖》：

　　　　神農之世，臥則居居，起則于于，民知其母，不知其父。〔註2〕

《商君書·開塞》：

　　　　天地設而民生之，當此之時也，民知其母，而不知其父。〔註3〕

〔註1〕《呂氏春秋·恃君覽》，頁255。
〔註2〕清·郭慶藩，《莊子集解·盜跖》，頁429。

均是對這種情況的追述。

　　隨著社會的發展以及人類知識能力的提昇，在男女配偶關係中，逐漸排斥男女雜亂交媾的方式，而出現了婚姻制度。〔註4〕《白虎通‧號》云：

　　　　古之時，未有三綱六紀，民人但知其母，不知其父。能覆前而不能
　　　　覆後，臥之詓詓，行之吁吁。飢即求食，飽即棄餘，茹毛飲血，而
　　　　衣皮韋。于是，伏羲仰觀象于天，俯察法于地，因夫婦、正五行，
　　　　始定人道。〔註5〕

雖然，不能就此認定中國之婚姻制度是由伏羲首創的，但是從「但知有母，不知有父」的雜交階段，至婚姻制度的出現，是符合人類婚姻發展史的。

　　婚禮，是人生一項重大的儀禮，向來被人視爲「終身大事」。它「標幟一個人進入了建立個體家庭、發展家族的重要階段，屬於人生儀禮中劃時代的儀禮，是社會發展必需的儀禮」。〔註6〕此外，婚姻也是形成各種人倫關係的基礎。例如，《周易‧序卦》云：

　　　　有天地，然後有萬物；有萬物，然後有男女；有男女，然後有夫婦；
　　　　有夫婦，然後有父子；有父子，然後有君臣；有君臣，然後有上下；
　　　　有上下，然後禮義有所錯。

陳鵬對此做了更進一步之解釋。他說：

　　　　要之，天地交合，爲萬物之本，男女婚姻，爲人倫之始，二者息息
　　　　相關，不間毫髮，故曰：「君子之道，造端乎夫婦，及其至也，察乎
　　　　天地。」〔註7〕

由此可以想見古人對男女婚姻之重視程度。

　　從周代開始，由於人們的重視與強調，婚姻制度逐漸形成了一整套約定俗成的禮儀。凡是經過這些儀式的婚姻行爲，才能獲得合法的地位。《孟子‧滕文公下》：

　　　　（孟子）曰：「丈夫生而願爲之有室，女子生而願爲之有家，父母之
　　　　心，人皆有之。不待父母之命，媒妁之言，鑽穴隙相窺，踰牆相從，
　　　　則父母國人皆賤之。」

〔註3〕嚴可均校，《商君書‧開塞》，頁15。
〔註4〕參見鄭慧生，《上古華夏婦女與婚姻》，頁10～18。
〔註5〕清‧陳立，《白虎通疏證》，頁50～51。
〔註6〕烏丙安，《中國民俗學》，頁188。
〔註7〕陳鵬，《中國婚姻史稿》，頁14。

即是對未經合法的婚姻程序而私奔之男女，其關係非但不爲人們所承認，甚至遭人恥笑的情形，有著生動的描繪。

　　誠如費孝通所言：

> 人類必須依賴兩性行爲的生物和心理機能來得到種族的綿續、社會
> 結構的正常運行，以及社會的發展，但是又害怕兩性行爲在男女心
> 理上所發生的吸引力破壞已形成了的人際關係的社會結構，不得不
> 對個人的性行爲加以限制。〔註8〕

由於社會對男女關係的兩重性，產生了既依賴且又限制的態度。而其中許許多多的限制，便規定於婚姻禮儀的禁忌之中。

　　本章的目的，就是透過文獻以及新出土的考古資料之記載，探討貫穿於春秋、戰國時代婚姻儀式中的各種禁忌事項，以便對當時的社會情況，能有更深入的認識。

第一節　婚前之禁忌

　　春秋、戰國時代婚禮的程序，分爲納采、問名、納吉、納徵、請期、親迎等六種儀式，一般稱之爲「六禮」。六禮具備，婚姻之關係始告成立。

　　本節所謂「婚禮前之禁忌」，主要是指「請期」前之各種有關婚姻禮俗之禁忌。內容分爲四部分：一爲男女有別的禁忌；二爲無媒的禁忌；三爲合婚的禁忌；四爲同姓不婚的禁忌。其內容及細節，試分述於下。

一、男女有別的禁忌

　　男女性別的差異，是與生俱來的；男女在外觀、身體機能上的不同，也是不爭的事實。在中國傳統文化中，至遲從春秋時代開始，「男女有別」也一直爲人們所重視與強調。《左傳·莊公二十四年》云：

> 男女之別，國之大節也。

《禮記·經解》亦云：

> 昏姻之禮，所以明男女之別也。……故昏姻之禮廢，則夫婦之道苦，
> 而淫辟之罪多矣。

因此，「男女有別」可說是婚姻禮俗中最基本的禁忌。

〔註 8〕靄理士著，潘光旦譯注，《性心理學》，費孝通，〈書後〉，頁 555。

　　春秋、戰國時代的文獻，尤其是儒家的經典裡，更將嚴男女之防視為婚姻禮俗中的第一要事。例如，孔子主張「男女行者別於途」；〔註9〕孟子亦提倡「男女授受不親」。〔註10〕此外，在《禮記》中，有關「男女之別」的記載，更是不勝枚舉。如〈曲禮上〉云：

　　　　男女不雜坐，不同椸枷，不同巾櫛，不親授。……男女非有行媒，
　　　　不相知名；非受幣，不交不親。

〈內則〉亦載：

　　　　男不言內，女不言外，非祭非喪，不相授器。……外內不共井，不
　　　　共湢浴，不通寢席，不通乞假。男女不通衣裳，內言不出，外言不
　　　　入。……道路，男子由右，女子由左。

可見春秋、戰國時代日常生活的各種事項中，均充斥著男女有別的禁忌。

　　當時，男女到達一定年齡之後，即開始屬行這種禁忌。《禮記‧內則》即云：

　　　　七年，男女不同席，不共食；……十年，出就外傅，居宿於外，學
　　　　書計……。女子，十年不出，姆教婉婉聽從，執麻枲，治絲繭，織
　　　　紝組紃，學女事以共衣服，觀於祭祀，納酒漿籩豆菹醢，禮相助奠。

即男女自七歲開始，便需注意男女之別，即使是親兄弟姊妹，也要「不同席，不共食」，不得隨意接觸。尤其是到了十歲之後，男子出就外傅，女子居家不出，需要隔絕開來，分別學習應有的知識與技能。

　　從《禮記‧內則》中之記載，亦可窺見這種男女有別的禁忌，似與當時的成年禮有某種程度的關聯。

　　春秋、戰國時代的成年禮，男子稱為「冠禮」，女子則稱為「筓禮」。《禮記‧曲禮上》云：

　　　　男子二十而冠，……女子許嫁筓而字。

男女經過冠禮和筓禮之後，才正式宣告進入成年階段。此外，誠如楊寬所說的：

　　　　為成年男女舉行冠筓儀式，另外一個意義，就是表示已經"成人"，即
　　　　將男婚女嫁，負起傳宗接代的責任，所謂"冠而生子，禮也"。〔註11〕

〔註9〕瀧川龜太郎，《史記會注考證‧孔子世家》，頁750。
〔註10〕《十三經注疏〔8〕孟子》，頁134。
〔註11〕楊寬，〈"冠禮"新探〉，收錄於氏著，《古史新探》，頁238。

陶立璠亦言：

> 從民俗學研究中我們得知，人們之所以重視成人儀禮，一個重要的
> 功利目的，是與婚姻聯繫在一起的。人類要延續，家族要發展，最
> 終都是由男女雙方的婚姻關係所決定。所以成年儀禮實際上是通過
> 社會的認可，賦予成年男女婚媾的權利。沒有這一環節，婚媾則認
> 爲是不合法和不道德的，要受到社會的譴責。〔註12〕

即說明男女唯有經過成年禮，才允許結婚生子。

　　在原始先民時期，由於性的禁忌，對於已屆青春期但尚未經成年禮的男
女，需要將他們隔離開來，以防止他們私自結合。《山海經・大荒東經》：

> 有司幽之國，帝俊生晏龍，晏龍生司幽。司幽生思士，不妻；思女，
> 不夫。〔註13〕

以及「丈夫國」、「女子國」等傳說，都可能是對這種習俗的描繪。〔註14〕

　　春秋、戰國時代，這種男女社團的方式逐漸爲其它制度所取代，例如，
女子待在家中由保姆教導技能，男子則由當時的學宮制度來傳授知識。〔註15〕
男女在這段隔離的期間內，除了學習進入成年社會應有的知識與技能外，或
許也從其中學習有關性的知識，例如《白虎通・辟雍》記載學校之功能時，
即云：

> 授之道當極說陰陽夫婦變化之事，不可父子相教也。〔註16〕

便是對男女成年後之結婚生子預做教導。可見這種男女有別的禁忌，確實與
成年禮之前的教育有關聯。

　　這種禁忌除適用於未成年的男女身上，事實上也一直延續到成年乃至結
婚之後。《禮記・曲禮上》即云：

> 女子許嫁纓，非有大故，不入其門。姑姊妹、女子子，已嫁而反，
> 兄弟弗與同席而坐，弗與同器而食。

《禮記・內則》亦云：

〔註12〕陶立璠，《民俗學概論》，頁213。
〔註13〕袁珂，《山海經校注》，頁346。
〔註14〕參見何新，〈“思士思女”與兩性禁忌〉，收錄於氏著《中國遠古神話與歷史
　　　　新探》，頁194～202。
〔註15〕參見何新，〈學宮、辟雍、冠禮以及死亡與再生〉，收錄於氏著《中國遠古神
　　　　話與歷史新探》，頁203～211；楊寬，〈我國古代大學的特點及其起源〉，收錄
　　　　於氏著《古史新探》，頁209～212。
〔註16〕清・陳立，《白虎通疏證》，頁257。

男女不同椸枷，不敢縣於夫之楎椸，不敢藏於夫之篋笥，不敢共湢浴。

可見婦女對自己的兄弟甚至丈夫，仍須謹守男女有別的禁忌，則對外人之情形亦可想而知了。

這種男女有別之禁忌，似乎對女子的要求較男子爲嚴格。如，《公羊傳·襄公三十年》載：

> 宋災，伯姬存焉。有司復曰：「火至矣！請出。」伯姬曰：「不可！
> 吾聞之也：『婦人夜出，不見傅、母，不下堂。』傅至矣，母未至也！」
> 逮乎火而死。

婦女夜晚出入，不許一個人單獨行動，需由傅、母等人的陪伴；此外，《禮記·內則》亦云：

> 女子出門，必擁蔽其面。

婦女出門時，也需要用布幕蒙住臉孔；而女子若爲男子所碰觸，則須委身下嫁，《左傳·定公六年》所載：

> 王將嫁季芈，季芈辭曰：「所以爲女子，遠丈夫也。鍾建負我矣。」
> 以妻鍾建，以爲樂尹。

便是這類的例子。

《淮南子·齊俗訓》中記載：

> 帝顓頊之法，婦人不辟男子於路者，拂於四達之衢。〔註17〕

雖不必就此認定顓頊時代便有此法，但這種對女子要求特別嚴格的習俗，其起源似乎頗早。而這種習俗，大約是與當時人們認爲女子爲不祥的觀念有關。《左傳·襄公二十五年》云：

> 六月，鄭子展、子產帥車七百乘伐陳，宵突陳城，遂入之。陳侯扶
> 其大子偃師奔墓，……遇賈獲，載其母、妻。下之，而授公車。公
> 曰：「舍而母。」辭曰：「不祥。」

又，劉向《列女傳》亦云：

> （趙）簡子將渡，用楫者少一人。娟攘卷摻楫而請，曰：「妾居河濟
> 之間，世習舟楫之事，願備員持楫。」簡子曰：「不穀！將行、選士
> 大夫、齋戒沐浴，義不與婦人同舟而渡也。」〔註18〕

便是認爲婦女不祥，而不肯與她們一起同乘車船。而這種禁忌產生的原因，

〔註17〕漢·劉安，《淮南子·齊俗訓》，頁174。
〔註18〕漢·劉向，《列女傳·卷六·趙津女娟》，頁6a～6b。

即如林明峪所說的：

> 嚴格說來，女子禁忌的產生，一方面由於人們視之爲不潔的觀念作
> 祟，另一方面未始不是父系社會以降女子社會地位低微所致，……。
> 女子社會地位低，乃造成男子許多主觀的優越感；這在男權爲中心
> 的社會，是永遠免除不了的現象。〔註19〕

可見，這種禁忌之產生，一則是由於人們認爲婦女的經血不潔，連帶造成婦
女不潔的觀念；此外，也與當時男尊女卑的社會情況有關。

總而言之，這種男女有別的禁忌，其產生之原因固有其歷史淵源；然而，
它和當時的時代背景，也有著密不可分的關係。由於這些禁忌之規定，抑制
了青年男女追求愛情之天性，使得「男女失時」、「男女怨曠」成爲普遍的現
象。但是，誠如鄭玄所說的：

> 皆爲重別，防淫亂也。〔註20〕

這種男女有別的禁忌，對社會秩序的維持、人際關係的和諧，仍有著極爲重
大的作用。

二、無媒的禁忌

在中國古代一般婚姻禮俗中，往往是由媒人居中從事穿針引線的工作。
俗話說：「天上無雲不成雨，地下無媒不成婚。」正道出了媒人在中國古代婚
禮中的重要性。

從先秦文獻裡，便可看出在春秋、戰國時代，即已顯示出媒人在婚姻儀
式中的作用。《儀禮・士昏禮》中，穿梭於男女雙方家長之間，行納采、問名、
納吉、納徵及請期等儀式的「賓」，或即具有媒人的性質。〔註21〕而在當時甚
至規定於婚禮中必得有媒人的設置。《詩經・豳風・伐柯》云：

> 伐柯如何？匪斧不克；取妻如何？匪媒不得。

《禮記・曲禮上》亦云：

> 男女非有行媒，不相知名。

《戰國策・燕策一》亦載：

> 蘇代對曰：「周地賤媒，爲其兩譽也。之男家曰：『女美！』之女家曰：

〔註19〕林明峪，《臺灣民間禁忌》，頁137～138。
〔註20〕見《十三經注疏〔5〕禮記》〈曲禮上〉，頁37。
〔註21〕參見陳顧遠，《中國婚姻史》，頁147。

『男富！』然而周之俗，不自爲取妻。且夫處女無媒，老且不嫁；舍
媒而自衒，弊而不售。順而無敗，售而不弊者，唯媒而已矣。」〔註22〕

均說明著在當時「男不親求，女不親許」的時代裡，媒人在婚禮中的重要作
用。此外，《詩經・召南・摽有梅》中云：

摽有梅其實七兮，求我吉士，迨其吉兮。摽有梅其實三兮，求我庶
士，迨其今兮。摽有梅頃筐墍兮，求我庶士，迨其謂之。

宋人嚴粲於《詩緝》中對此詩解釋說：

時愈過，而女心切矣。男當先求於女，今反欲遣媒妁以語男家也。

〔註23〕

即使是女子想要主動提及婚配，也要透過媒人的說項。由此可以看出媒人在
婚禮過程中所扮演的角色，婚禮若是沒有媒人，則失去了足以依憑的媒介。

從以上的敘述，可以得知：在春秋、戰國時代，男女欲結秦晉之好，便
需要有媒人的居中穿梭撮合。若是無媒，則不能成婚，否則，即如《孟子・
滕文公下》：

丈夫生而願爲之有室，女子生而願爲之有家，父母之心，人皆有之。
不待父母之命，媒妁之言，鑽穴隙相窺，踰牆相從，則父母國人皆
賤之。

《管子・形勢解》：

婦人之求夫家也，必用媒，而後家事成。……求夫家而不用媒，則
醜恥而人不信也。故曰：「自媒之女，醜而不信。」〔註24〕

以及《戰國策・齊策六》中所說的：

襄王立，以太史氏女爲王后，生子建。太史敫曰：「女無謀（媒）而
嫁者，非吾種也，污吾世矣。」終身不睹。〔註25〕

未經媒人而私自結合之男女，即使貴爲王后，非但會遭人們恥笑，亦不爲父
母所容。

此外，《左傳・成公十一年》載：

聲伯之母不聘，穆姜曰：「吾不以妾爲姒。」生聲伯而出之。

〔註22〕漢・劉向集錄，《戰國策・燕策一・燕王謂蘇代章》，頁1074～1075。
〔註23〕宋・嚴粲，《詩緝・卷二》，頁17。
〔註24〕戴望，《管子校正》，頁334。
〔註25〕漢・劉向集錄，《戰國策・齊第六・齊閔王之遇殺章》，頁471～472。

便是婦女因未經媒人的居中納聘，其地位不僅低微，甚且有不爲人承認而遭到被出的命運。因此，許多人在無媒的情況下，婚期便一再拖延。例如，《詩經·衛風·氓》：

> 匪我愆期，子無良媒。

以及前引《戰國策·燕策一》：

> 處女無媒，老且不嫁。

就是在不願違犯無媒的禁忌下，所造成之結果。

然而，從文獻中之記載也不難看出，春秋、戰國時代之男女，在戀愛、結合乃至婚配上，仍有許多自由的空間。《詩經·鄘風·桑中》：

> 爰采唐矣，沬之鄉矣；云誰之思，美孟姜矣。期我乎桑中，要我乎上宮，送我乎淇之上矣。爰采麥矣，沬之北矣；云誰之思，美孟弋矣。期我乎桑中，要我乎上宮，送我乎淇之上矣。爰采葑矣，沬之東矣；云誰之思，美孟庸矣。期我乎桑中，要我乎上宮，送我乎淇之上矣。

便對當時男女之自由相戀、結合，有著生動的描寫。此外，《周禮·地官·媒氏》：

> 媒氏，掌萬民之判。……中春之月，令會男女。於是時也，奔者不禁。若無故而不用令者，罰之。司男女之無家者而會之。

以及《左傳·昭公十一年》：

> 泉丘人有女，夢以其帷幕孟氏之廟，遂奔僖子，其僚從之。盟于清丘之社，曰：「有子，無相棄也。」

也均爲此類事件之記載。但是，這些都被當時人們視爲不合禮節的「奔」，〔註26〕如果發生於特定時節（仲春）或場所（社），男女雙方之關係才爲人們所承認。

「社」在中國的起源頗早。目前於遼寧省喀左縣大城子鎭東南約四公里的東山嘴村，即發現了一處距今5400年左右紅山文化後期的社壇遺址。〔註27〕「社」在先秦時期是一個包含頗廣、內容極豐的崇拜實體。它最原

〔註26〕楊伯峻認爲：「娶女不依禮曰奔，猶近代之姘居。」參見氏著《春秋左傳注》，頁1402。

〔註27〕有關東山嘴遺址之測定年代，經樹輪校正爲 B.C.3640～3382。可參見中國社會科學院考古研究所編，《中國考古學中碳十四年代數據集，1965～1991》，頁76。

始、最基本的內涵，是由土地崇拜與生殖崇拜相結合所構成的。然而，在「社」中祭祀的目的，究其初意則是爲了祈求大地的生殖而使五穀豐登。但是，當原始先民認識到人的生育繁衍離不開男女交合之後，在互滲與感應等思維之作用下，人們相信於祭祀社神時，加入男女野合交媾的儀式，就可互滲感應於大地，促使大地產生和人類繁衍子孫的類似結果，生生不息，繁殖出豐盛的食糧。〔註28〕

由於「社會」時男女交媾的儀式以及子孫觀念之影響，在社中祈求生子的功能，亦逐漸地增強。社神由原先土地崇拜之性質，加入了對女性始祖高禖神的崇拜。當婚姻制度成爲人們生兒育女的合法程序之後，高禖神也就變成掌管人間婚姻的神祇。春秋、戰國時代，社神的屬性雖逐漸上升爲國家或地區的保護神，舉凡國家大事，如政事、軍事、農事，甚至天變日蝕、水火之災等，都要在社壇裡祭祀一番，但是其掌理婚姻及生殖的功能，仍舊存在著。因此，當時人們於社中自由相戀，甚至狂歡野合的情形，事實上也就等於是在高禖神的撮合下完成的；而且，當時的諸侯國也設有媒官作爲高禖神在人間的代理人，來負責此一任務。〔註29〕所以，這類男女私相結合的例子，並未違反無媒的禁忌；只是在婚姻制度確立之後，成爲一種較不合常禮的方式。

從以上之敘述，可以明顯地看出：春秋、戰國時代的人們，確實遵守著無媒的禁忌。然而，媒人雖然重要，但是，單靠媒人仍是不夠的。「媒人的作用，實際上就是在男女雙方的父母之間牽線搭橋，而不是直接爲男女當事人奔走，只有父母同意，婚姻才能辦成」。〔註30〕因此，「父母之命」在婚姻中扮演著決定成敗與否的關鍵，故《孟子》中將「父母之命」置於「媒妁之言」之前。不過，即如《莊子・寓言》中所云：

> 親父不爲子媒。〔註31〕

雖然男女之婚媾需經「父母之命，媒妁之言」，但是父親卻不能直接爲孩子物色對象。因爲，它可能造成翁媳之間亂倫的現象。《左傳・桓公十六年》：

〔註28〕參見王震中，〈東山嘴原始祭壇與中國古代的社崇拜〉，《先秦、秦漢史》1989年第一期，頁26。

〔註29〕例如《管子・入國》即云：「凡國都皆有掌媒。丈夫無妻曰鰥，婦人無夫曰寡，取鰥寡而合和之，予田宅而家室之，三年然後事之。此之謂合獨。」

〔註30〕鄧偉志，《唐前婚姻》，頁18。

〔註31〕清・郭慶藩，《莊子集解・寓言》，頁408。

> 初，衛宣公烝於夷姜，生急子，屬諸右公子。爲之娶於齊，而美，
> 公取之。

便是在父親爲子做媒的情形下，因見媳婦貌美，而強搶過來的例子。而這種事情的發生，非但會造成父子之間的反目，使得家庭內部的矛盾激化；甚至可能引發子弒父的悲劇。例如，《左傳‧襄公三十年》：

> 蔡景侯爲大子般取于楚，通焉。

即被鄭之子產批評爲「其爲君也，淫而不父。僑聞之，如是者，恆有子禍」。〔註32〕最後，蔡景侯也確實被太子般所殺。因此，「親父不爲子媒」，也就成爲春秋、戰國時代婚姻禮俗中的一項禁忌。

　　總而言之，婚姻之締結，從不需媒人的亂婚狀態到「匪媒不得」的形式，確實是婚姻史上的一大變革。它雖然可能造成許多曠男怨女，引起「處女無媒，老且不嫁」的情形發生，甚且造成人們對此一禁忌的反抗。〔註33〕然而，它對維繫家庭中人際關係的鞏固，乃至於社會人群之間的和諧，均有其極大的作用；而「個體家庭的鞏固，又有利於增殖人口，發展生產，同時也是鞏固男權宗法制的基礎」。〔註34〕因此，無媒禁忌的出現，無疑地是婚姻史上一項極重大的進步。

三、合婚的禁忌

　　本小節所謂的合婚禁忌，主要是敘述春秋、戰國時代人們對於選擇婚姻對象的一些基本原則。

　　一旦委託媒人爲男女雙方之婚姻開始奔走撮合，從行納采之禮獲女方家長首肯後，到正式下聘的納徵禮之間，可說是處於合婚的階段。其中主要包括了「問名」以及「納吉」兩項儀式。《儀禮‧士昏禮》對此有所敘述：

> 問名曰：「某既受命將加諸卜，敢請女爲誰氏。」對曰：「吾子有命
> 且以備數而擇之，某不敢辭。」……納吉曰：「吾子有貺命某加諸卜，
> 占曰『吉』，使某也敢告。」對曰：「某之子不教，唯恐弗堪。子有
> 吉，我與在。某不敢辭。」

即媒人詢問女子之姓名（亦包括生辰八字），經由男方家長之卜筮吉凶。若得

〔註32〕參見楊伯峻，《春秋左傳注‧襄公二十八年》，頁1142。
〔註33〕參見陳顧遠，《中國婚姻史》，頁149。
〔註34〕鄧偉志，《唐前婚姻》，頁55。

吉，則代表男女雙方適宜婚配，於是正式向女方下聘。此時，男女雙方之合婚才算是確定。

除了經由占卜以確認男女雙方是否適合婚配外，合婚仍有許多的禁忌。首先是「同姓不婚」的禁忌，有關此一禁忌，將於下一小節另行討論；此外，便是有關於選擇婚姻對象的禁忌。

在春秋、戰國時代，對婚姻對象的選擇，除了經由卜筮的方式來斷定是否合適之外，仍有許多原則是當時人們所依循的。以下便對這些選擇對象的合婚禁忌，加以敘述及討論，希望藉此可以看出當時人們在選擇對象時的心態及其願望。

（一）不參一族

《國語・周語上》云：

> 恭王游於涇上。密康公從之，有三女奔之。其母曰：「必致之於王。夫獸三為群，人三為眾，女三為粲。王田不取群，公行下眾，王御不參一族。夫粲，美之物也。眾以美物歸女，而何德以堪之。王猶不堪，況爾小醜乎？小醜備物，終必亡。」康公不獻。一年，王滅密。〔註35〕

《史記・周本紀》裴駰《集解》引韋昭之言曰：

> 御，婦官也。參，三也。一族，一父子也。故取姪娣以備三，不參一族之女也。〔註36〕

可見，所謂「不參一族」，便是說一個男子不能同時與女方三個同胞姊妹婚配。

在春秋、戰國時代的貴族階層中，有一種既普遍施行而又特殊的婚姻制度，便是所謂的「媵制」。《左傳・成公八年》云：

> 凡諸侯嫁女，同姓媵之，異姓則否。

《公羊傳・莊公十九年》亦云：

> 媵者何？諸侯娶一國，則二國往媵之，以姪娣從。

而杜預也說：

> 諸侯娶妻，則同姓之國以姪娣媵。〔註37〕

可見，「媵制」即指一國諸侯的女兒或姊妹出嫁給另一諸侯國時，與之同姓的

〔註35〕《國語・周語上・密康公母論小醜備物終必亡》，頁8。
〔註36〕瀧川龜太郎，《史記會注考證・周本紀》，頁76。
〔註37〕杜預，《春秋經傳集解・隱公元年》，頁2。

諸侯國也必須把自己未嫁的女子送到出嫁國，作爲出嫁女子的陪嫁。

關於「媵制」的出現，有的學者認爲是古代氏族部落「普那路亞」婚制的孑遺。〔註38〕然而，春秋、戰國時代的「媵制」，除了有來自氏族社會時期的淵源；但是，其演變爲當時的形式，則可能是受到「不參一族」觀念的影響。因此，才由同姓之諸侯國準備姪娣，而不是由自己之其他女兒擔任。

何以會有「不參一族」的禁忌產生？密康公之母並未加以解釋。然而，我們可以從《白虎通・婚娶》中看出些端倪：

> 不娶兩娣何？博異氣也。〔註39〕

「不娶兩娣」就是不能再娶夫人的兩個妹妹，即「不參一族」，其原因是爲了「傳異氣」。而所謂的「傳異氣」，即如《國語・鄭語》載史伯所言之：「和實生物，同則不繼」。〔註40〕可見，「不參一族」是爲了有益於子女之生育。

以現代醫學的常識來說，同一父母所生之子女，其所受之遺傳來源相同，因此也有相同的特性（包括疾病）。所以，所娶之妻室，若是均來自同胞姊妹，極可能有著相同的遺傳疾病，對未來子嗣的生育，可能造成不良的影響。正如《白虎通》所云：

> 娶三國女何？廣異類也。恐一國血脉相似，俱無子也。〔註41〕

因此，才由其它諸侯國之女子來充當姪娣。如此一來，則會避免一些因遺傳所帶來的危害。故「不參一族」的禁忌，是有其科學性的。

（二）不娶美妻

能夠娶得美貌之妻子，相信是許多男子的願望。但是，基於某些因素之考量，人們有時反而避諱娶美妻。例如《左傳・襄公二十一年》云：

> 初，叔向之母妒叔虎之母美而不使，其子皆諫其母。其母曰：「深山大澤，實生龍蛇。彼美，余懼其生龍蛇以禍女。女，敝族也。國多大寵，不仁人閒之，不亦難乎？余何愛焉？」使往視寢，生叔虎，美而有勇力，欒懷子嬖之，故羊舌氏之族及於難。

而《左傳・昭公二十八年》亦載：

> 初，叔向欲娶於申公巫臣氏。……其母曰：「子靈之妻，殺三夫、一

〔註38〕參見薛理勇，〈試論春秋媵制〉，《江漢論壇》1991年第八期，頁64～65。
〔註39〕清・陳立，《白虎通疏證・嫁娶・天子嫡媵》，頁470。
〔註40〕見《國語・鄭語・史伯爲桓公論興衰》，頁516。
〔註41〕同註39。

> 君，而亡一國、兩卿矣，可無懲乎？吾聞之：『其美必有甚惡。』是
> 鄭穆少妃姚子之子，子貉之妹也。子貉早死，無後，而天鍾美於是，
> 將必以是大有敗也。昔有仍氏生女，黰黑而美甚，光可以鑑，名曰
> 玄妻。樂正后夔取之，生伯封，實有豕心，貪惏無饜，忿纇無期，
> 謂之封豕。有窮后羿滅之，夔是以不祀。且三代之亡、共子之廢，
> 皆是物也，女何以爲哉？夫有尤物，足以移人。苟非德義，則必有
> 禍。」叔向懼，不敢取。平公強使取之，生伯石。

即透露出：人們在擇偶時，也應避免選擇過於美艷的妻室。

從以上兩段記載，可以看出當時人們忌諱娶太過美艷的女子爲妻室。其中的原因，固有些許迷信的色彩，或如王充於《論衡・言毒篇》中所說的：

> 妖氣生美好，故美好之人多邪惡。〔註42〕

認爲「其美必有甚惡」。然而，最主要的因素則是人們基於經驗上的積累，認爲美貌足以「傾國傾城」的女子，會使得男子耽於美色，不務正業；並且，也容易遭他人的覬覦，而受到陷害。正如《禮記・郊特牲》云：

> 妃色，致亂之由也。

應即爲人們忌諱娶美妻的最主要原因。

由此可以看出，不娶美妻的禁忌，主要仍是在於確保家族的永續；避免因耽於美色，而造成家族或國家之衰敗與滅亡。

（三）五不娶

春秋、戰國時代，尚流行著一種擇偶原則，即規定有五種女子是不適合婚配的，稱之爲「五不娶」。《大戴禮記・本命》云：

> 女有五不取：逆家子不取，亂家子不取，世有刑人不取，世有惡疾
> 不取，喪婦長子不取。逆家子者，爲其逆德也；亂家子者，爲其亂
> 人倫也；世有刑人者，爲其棄於人也；世有惡疾者，爲其棄於天也；
> 喪婦長子者，爲其無所受命也。〔註43〕

這五種選擇配偶的禁忌，其背後所代表的意義到底爲何？就逆家子、亂家子以及世有刑人不娶，是因爲當時的人們相信：這些家庭中的孩子，由於缺乏家教，可能造成子女心理之缺陷。若是娶了這種家庭的女子，不但會對自己家庭的和諧，帶來不良之影響；並且，誠如賈誼於《新書》中所說的：

〔註42〕黃暉，《論衡校釋・言毒篇》，頁958。
〔註43〕清・王聘珍，《大戴禮記解詁》，頁255。

> 謹爲子孫婚妻嫁女，必擇孝悌世世有行義者。如是，則其子孫慈孝，
> 不敢淫暴，黨無不善，三族輔之。故鳳凰生而有仁義之意，虎狼生
> 而有貪戾之心，兩者不等，各有其母。〔註44〕

可見，擇偶對未來子嗣心理之健全與否，也有極爲重大的作用；若是娶了逆家、亂家或世有刑人之子女，對子嗣心理之健全，將有負面影響。

至於，不娶世有惡疾者之子女，一方面固由於是爲了避免新婦遺傳了家族的惡疾，而將惡疾傳給後代子孫；此外，《禮記‧昏義》云：

> 昏禮者，將合二姓之好，上以事宗廟，而下以繼後世也。

女子結婚的目的之一，是爲了「奉粢盛」，協助丈夫祭祀夫家祖先。然而，有惡疾者，是不能參與宗廟之事的，以免褻瀆了神明。因此，即如陳鵬所言：

> 娶妻既爲祭祀，故六禮之儀，均受命于廟。結婚三月，而後廟見，
> 始稱成婦。反之，若妻有惡疾，不能供祭祀者，即爲離婚之原因。
>
> 〔註45〕

所以，在擇偶時需要避免選擇「世有惡疾者」之女，以免無法參與祭祀祖先的活動。

至於，不娶「喪婦之長子」，也和當時的家教有關。前引《大戴禮記‧本命》云：

> 喪婦長子者，爲其無所受命也。

《公羊傳‧莊公二十七年》何休注亦云：

> 喪婦長女不娶，無教戒也。〔註46〕

這是因爲女子從幼年至出嫁前，母親就需要教她養蠶、紡紗、織布、烹飪以及日後如何侍奉公婆等技巧和知識，使她在出嫁之後能夠在家庭內務上，可以得心應手，應付自如。此外，在《儀禮》、《禮記》、《左傳》及《穀梁傳》等書中，亦記載了女子於出嫁前，母親及庶母等人對其之叮嚀教誨。例如，《儀禮‧士昏禮》云：

> 送女……，母施衿結帨曰：「勉之！敬之！夙夜無違宮事。」庶母及
> 門內，施鞶，申之以父母之命，命之曰：「敬恭聽宗爾父母之言，夙
> 夜無愆視，視諸衿鞶。」

〔註44〕漢‧賈誼撰，閻振益、鍾夏校注，《新書校注‧胎教》，頁390。
〔註45〕陳鵬，《中國婚姻史稿》，頁7。
〔註46〕《十三經注疏〔7〕公羊傳》，頁105。

《孟子·滕文公下》亦云：

> 女子之嫁也，母命之。往送之門，戒之曰：「往之女家，必敬必戒，
> 無違夫子。」

此外，《詩經·豳風·東山》云：

> 倉庚于飛，熠熠其羽；之子于歸，皇駁其馬。親結其縭，九十其儀；
> 其新孔嘉，其舊如之何？

其中的「親結其縭，九十其儀」，所指的也正是此事。而在這些訓誡教誨中，也可能包含對夫妻雙方相處之性知識的教導。〔註47〕因此，若是喪母之長女，無論是在對待夫婿，侍奉公婆，或是打點家務，因缺乏母親的教導，可能會有所疏失。所以，在選擇伴侶時，也要儘可能的避免之。

由這五種擇偶的禁忌看來，其內含之原因，有的是出於確保新婦及未來子嗣之身心健康；然而，更重要的因素，仍是為了保持宗法制度的鞏固，不希望因娶妻，而造成家庭的失和。因此，這五種擇偶的禁忌，仍是有其合理性的。

（四）納　吉

除了以上「不參一族」、「不娶美妻」及「五不娶」等擇偶的禁忌外，春秋、戰國時代最普遍流行的擇偶方式，則是透過祖先神靈的力量來做選擇。這種方式，在《儀禮·士昏禮》中稱之為「納吉」。

「納吉」是以卜筮的方式來定婚姻。《儀禮·士昏禮》於納采之後，有所謂的「問名」及「納吉」，即由媒人詢問女方姓名，及其生辰之年、月、日、時。返回後，交給男方家長卜於宗廟，藉祖先之神靈，以定男女雙方婚媾之吉凶。鄭玄云：

> 歸卜於廟。得吉兆，復使使者往告，昏姻之事於是定。〔註48〕

即若卜得吉兆，表示男女雙方適合婚配。因此，再遣媒人告知女方，並行納徵之禮，正式確定雙方之婚姻。

《左傳》有多處關於「卜妻」的記載，應即為《儀禮·士昏禮》中之「納吉」。例如，《左傳·莊公二十二年》云：

> 初，懿氏卜妻敬仲。其妻占之曰：「吉！是謂『鳳凰于飛，和鳴鏘鏘。』
> 有媯之後，將育于姜。五世其昌，並于正卿；八世之後，莫之與京。」

此外，於魯僖公四年、十五年以及哀公二十五年之傳文中，亦有類似的事例。

〔註47〕參見趙建偉，《人世的"禁區"——中國古代禁忌風俗》，頁161～162。
〔註48〕見《十三經注疏〔4〕儀禮·士昏禮》，頁42。

屈原在《離騷》中亦云：

> 索藑茅以筳篿兮，命靈氛爲余占之。曰：「兩美其必合兮，孰信修而
> 慕之？思九州之博大兮，豈唯是其有女？」〔註49〕

也應是對「納吉」之記載。而《詩經·衛風·氓》載：

> 爾卜爾筮，體無咎言。

亦可看出：這種習俗，不僅爲貴族階層所奉行，即使是民間一般百姓（氓）
的嫁娶，也同樣流行著。

　　透過上列之敘述，在春秋、戰國時代，「納吉」的習俗，不僅流行的地域極
爲廣闊，並且也盛行於貴族及庶民各階層之婚姻禮俗中。可見當時合婚禁忌之
中，「納吉」亦爲相當重要的一個環節。而由《左傳·莊公二十二年》所載之內
容，亦可窺知「納吉」的目的，不僅止於男女雙方之合和，它也包含著對後世
子孫及家族命運的企盼，從其中不難看出當時人們擇偶的心態及願望。

　　婚姻被人們視爲終身大事，配偶的良窳直接影響著家庭和諧、子孫健全、
以及家族未來之命運。因此，於擇偶時，不得不小心謹愼。誠如富辰所言：

> 夫婚姻，禍福之階也。〔註50〕

無怪乎春秋、戰國時代的人們，對擇偶會如此地愼重，因而衍生出種種的禁
忌，以供人們遵循。

四、同姓不婚的禁忌

　　在周代諸多婚姻禁忌中，同姓不婚是其中最引人注目且討論最多的一大
戒律。

《禮記·大傳》云：

> 四世而緦，服之窮也；五世袒免，殺同姓也；六世親屬竭矣。其庶
> 姓別於上，而戚單於下，婚姻可以通乎？繫之以姓而弗別，綴之以
> 食而弗殊，雖百世而婚姻不通者，周道然也。

而鄭玄注云：

> 殷禮不繫姓，不綴食，其庶姓別於上，而戚單於下，五世而婚姻可
> 通。〔註51〕

〔註49〕　蔣天樞，《楚辭校釋》，頁54～55。
〔註50〕　《國語·周語中·富辰諫襄王以狄伐鄭及以狄女爲后》，頁48。
〔註51〕　《十三經注疏〔5〕禮記·大傳》，頁619。

即認為「同姓不婚」之禁忌，是周代所特重的。而這種禁忌，也深刻地影響著春秋、戰國時代的婚姻禮俗。

　　春秋、戰國時代有關「同姓不婚」的記述，可以在《左傳》、《國語》及三禮中發現多處的記載。例如，《禮記‧坊記》云：

> 娶妻不娶同姓。

此外，《儀禮‧士昏禮》：

> 賓執雁，請問名。

賈公彥《疏》云：

> 問名者，問女之姓氏。〔註52〕

可見，「問名」的目的，即在於避免娶同姓之妻。若從先秦時代姓名制度來觀察，當時女子無論出嫁與否，稱呼時均須將其姓標示出來。楊寬對此一制度即認為：

> 因為當時實行外婚制，同姓不婚，對女子的姓看得很重，就必須在伯仲下把姓標出。《白虎通‧姓名》篇說：「婦人姓以配字何？明不娶同姓也。」〔註53〕

由此，即可得知當時人對「同姓不婚」的重視與強調。

　　雖然，許慎曾提出「諸侯娶同姓」的說法，〔註54〕否定周代有「同姓不婚」的規定。而在典籍中，也的確存在著「諸侯娶同姓」的事實，如晉獻公娶狐姬、驪姬（《左傳‧莊公二十八年》），晉平公內「有四姬焉」（《左傳‧昭公元年》），以及魯昭公娶吳孟姬（《左傳‧哀公十二年》）等均是。然而，這些只是少數的特例，不能視為當時的通則；並且，這些個別事例，也大都受到人們的譴責與非議，例如《論語‧述而》：

> 陳司敗問：「昭公知禮乎？」子曰：「知禮。」孔子退。揖巫馬期而進之曰：「吾聞君子不黨。君子亦有黨乎？君娶于吳為同姓，謂之吳孟子。君而知禮，孰不知禮！」巫馬期以告。子曰：「丘也幸！苟有過，人必知之。」

此外，即使是當事者，也諱言娶同姓之妻。在此仍以昭公娶吳孟姬之事為例，

〔註52〕《十三經注疏〔4〕儀禮‧士昏禮》，頁40。
〔註53〕楊寬，〈“冠禮”新探〉，收錄於氏著《古史新探》，頁243。
〔註54〕許慎於《五經異義》中即提出「諸侯娶同姓」之說。參見鄭玄，《駁五經異義》（《景印文淵閣四庫全書，第一八二冊》），頁321。

《左傳‧哀公十二年》載：

> 夏五月，昭公夫人孟子卒。昭公娶于吳，故不書；死不赴，故不稱
> 夫人；不反哭，故不言葬小君。

楊伯峻對此解釋說：

> 此昭公夫人若稱「吳姬」或「孟姬」，顯然違「同姓不婚」之禮，故
> 改稱「吳孟子」。《禮記‧坊記》亦云：「魯《春秋》猶去夫人之姓曰
> 『吳』，其死曰『孟子卒』。」……何以不赴（訃）告諸侯？何以不
> 書葬？《傳》意以為皆為諱同姓之故。因赴告諸侯，必依禮依例稱
> 其母家姓。〔註55〕

由此可見，這些個別的特例，並不影響當時人們一般均遵循此一禁忌的事實。

關於「同姓不婚」的禁忌是如何產生？李玄伯即認為：

> 較原始的社會分為若干圖騰團（Clan totemigue），團各有其所奉的
> 圖騰，團就是當時社會的最小單位。……圖騰社會有另一種現象，
> 即禁止團內的雜交，同團人的配合被視為亂倫行為。所以婚姻必須
> 互求於異團。……即甲團的男子必須娶乙團的女子，而乙團的男子
> 亦必須娶甲團的女子。不特甲團團員不許與同團人互相婚娶，且只
> 能與固定的另一團（乙團）通婚，對另外的團是不許的；反之，乙
> 團亦如是。這就是最典型式的外婚制。……但後來環境變化，圖騰
> 社會亦發生演變。……於是婚姻變為較複雜，外婚雖仍舊維持，而
> 亦漸變其性質。通婚雖仍須向異團，然不必再似從前的必須只向某
> 異團，而能向任何異團。這即周人的同姓不婚，同姓不婚制只是外
> 婚制的一種演變。〔註56〕

由此可見，周代的「同姓不婚」是源自原始初民圖騰社會的外婚制。

「同姓不婚」雖由圖騰社會的外婚制演變而來。然而，至春秋、戰國時
代，人們對「同姓不婚」產生的原因，則有不同的見解。以下便試著對當時
「同姓不婚」的原因，加以敘述並討論：

（一）政治的因素

《禮記‧昏義》云：

〔註55〕楊伯峻，《春秋左傳注》，頁1670。
〔註56〕李玄伯，〈中國古代婚姻制度的幾種現象〉，收錄於氏著，《中國古代社會新
　　　研》，頁251～253。

　　昏禮者，將合二姓之好。

在周代封建制度之下，周王室大封同姓諸侯，以藩屏王室；此外，對異姓的諸侯國，則以聯姻的方式，使其成為甥舅之國。使姬姓與異姓，結合成強而有力的政治體系。《國語・魯語》中即云：

　　臧文仲言於莊公曰：「夫爲四鄰之援，結諸侯之信，重之以婚姻，申之以盟誓，固國之艱急是爲。」〔註57〕

即將婚姻視爲政治的重要手段之一。此外，如《國語・晉語》引司空季子之言：

　　異姓則異德，異德則異類。異類雖近，男女相及，以生民也。〔註58〕

亦可看出「同姓不婚」是爲了攏絡異姓。

　　因爲，「異姓通婚，在男權制的條件下，女子一經成婚，就成了男姓的一員，爲男姓生男育女，可以保證男姓系統的子孫繁衍。異姓通婚，實際上，又因而結成了兩姓之間的姻緣關係，兩姓之間可以借此友好相處，互相支持，互相依靠」。〔註59〕由此可見，「同姓不婚」是和政治有著密不可分的關係。

（二）宗法的因素

　　宗法制度是周代用以維繫親疏尊卑等級的重要支柱，而婚姻則是建立宗法制度的手段之一。《禮記・大傳》云：

　　四世而緦，服之窮也；五世袒免，殺同姓也；六世親屬竭矣。其庶姓別於上，而戚單於下，昏姻可以通乎？繫之以姓而弗別，綴之以姓而弗殊，雖百世而昏姻不通者，周道然也。

此外，《白虎通・姓名》云：

　　人所以有姓者何？所以崇恩愛，厚親親，遠禽獸，別婚姻也。故紀世別類，使生相愛，死相哀，同姓不得相娶者，皆爲重人倫也。〔註60〕

鄭樵《通志・氏族略》亦言：

　　姓所以別婚姻，故有同姓、異姓、庶姓之別。氏同姓不同者，婚姻可通；姓同氏不同者，婚姻不可通。〔註61〕

而「重人倫」以及「同姓、庶姓、異姓之別」，均爲宗法制度中的重要因素。

〔註57〕《國語・魯語上・臧文仲如齊告糴》，頁157。
〔註58〕《國語・晉語四・重耳婚媾懷嬴》，頁356。
〔註59〕鄧偉志，《唐前婚姻》，頁78。
〔註60〕清・陳立，《白虎通疏證》，頁401。
〔註61〕宋・鄭樵，《通志・卷二十五・氏族略》〈氏族序〉，頁439。

可見「同姓不婚」與周代的宗法制度，亦有極密切的關係。

呂思勉於《中國制度史》一書中認為：

> 古者同姓不昏，實如〈郊特牲〉所言，以附遠厚別為義。……何則？
> 群之患莫大乎爭，爭則亂。妃色，致亂之由也。同姓為婚則必爭，
> 爭則戈矛起於骨肉間矣。〔註62〕

宗法制度的目的，在維持宗族內部親疏尊卑等秩序。然而，同一宗族內若是不能避免相互婚媾的情形發生，必然造成內部人際關係的混亂，並導致宗族內秩序的瓦解。因為若是「同姓為婚，自然不能親兄弟姊妹為婚，而只能是嫡、長、親者與庶、幼、疏者之間通婚。但是結成婚姻之後，『夫與婦齊』，姻緣之間就有了特殊的利害關係，這就把同姓內部原來的嫡庶、長幼、親疏等尊卑秩序打亂了，自然是褻瀆其類，生怨育災，使本姓招致毀滅性的後果」。
〔註63〕由此可見，「同姓不婚」的目的之一，是在於維繫宗法秩序的。

（三）生育的因素

生育的因素，一直是討論「同姓不婚」原因時的重要焦點。在文獻中亦可發現許多這類的記載。《左傳·僖公二十三年》引叔詹之言：

> 男女同姓，其生不蕃。〔註64〕

《國語·鄭語》載史伯曰：

> 夫和實生物，同則不繼。……於是乎先王聘后於異姓，……務和同
> 也。〔註65〕

《左傳·昭公元年》亦引子產之言曰：

> 僑又聞之，內官不及同姓，其生不殖。美先盡矣，則相生疾，君子
> 是以惡之。故《志》曰：「買妾不知其姓，則卜之。」違此二者，古
> 之所慎也。男女辨姓，禮之大司也。

此外，《左傳·宣公三年》亦載：

> 石癸曰：「吾聞姬、姞耦，其子孫必蕃。」

均可看出，同姓合婚，會造成子孫不蕃的結果；反之，異姓通婚，則「子孫必蕃」。

〔註62〕呂思勉，《中國制度史》，頁322。
〔註63〕鄧偉志，《唐前婚姻》，頁77～78。
〔註64〕《國語·晉語四·鄭文公不禮重耳》亦有相似之記載，可參考。
〔註65〕《國語·鄭語·史伯為桓公論興衰》，頁515～516。

明末清初的大儒顧炎武於《日知錄》中，曾對同姓不婚有深刻的討論，他說：

> 天地之化，專則不生，兩則生。故叔詹言：「男女同姓，其生不蕃。」而子產之告叔向云：「內官不及同姓，美先盡矣，則相生疾。」晉司空季子之告公子曰：「異姓合德。」鄭史伯之對桓公曰：「先王聘后於異姓，務和同也。聲一無聽，物一無文。」是知禮不娶同姓者，非但防嫌，亦以戒獨也。……《易》曰：「男女睽而其志通也。」是以王御不參一族，其所以合陰陽之化，而助嗣續之功者微矣。〔註66〕

則更是將同姓合婚對子嗣之影響，附和於陰陽思想之中。

以上從政治、宗法及生育三方面，探討春秋、戰國時代人們遵循「同姓不婚」的原因。然而，誠如李玄伯於〈中國古代圖騰制度及政權的逐漸集中〉一文中所言：

> 古人對男女同姓其生不蕃的觀念，實非由於生理的觀察，弗萊澤對此亦以為然。據生物學的研究，血緣近者是否不蕃，至今尚難確實論定。……況昔人所謂外婚，只是不婚同姓，並非不婚近親，外婚與血緣近者不婚不同。……所以研究同姓不婚的緣由不能以生物學為據。〔註67〕

即認為「同姓不婚」和子孫是否蕃衍，沒有直接的關係。呂思勉亦云：

> 同姓不昏，則必昏於異姓。昏於異姓，既可坊同姓之瀆，又可收親附異姓之功，此則一舉而兩得矣。此附遠厚別，所以為同姓不昏之真實義也。然則其生不蕃，則相生疾之說，果何自來哉？曰：子孫之盛昌，人之所欲也；凋落，人之所惡也。身，人之所愛也；疾，人之所懼也。以其所甚惡、甚懼，奪其所甚欲，此主同姓不昏之說者之苦心。抑同姓為昏之禁，傳之既久，求其說而不得，乃附會之於此，亦未可知也。〔註68〕

從李、呂二位學者之論述，可以得知：「同姓不婚」真正的原因，主要是在鞏固宗法制度下人際關係的秩序及和諧，並藉此與異姓聯姻，結合成政治上互

〔註66〕清・顧炎武著，清・黃汝成集釋，《日知錄集釋・卷二・取妻不取同姓》（《四部備要・子部〔403〕》），頁 1b～2a。

〔註67〕李玄伯，〈中國古代圖騰制度及政權的逐漸集中〉，收錄於氏著，《中國古代社會新研》，頁 143。

〔註68〕呂思勉，《中國制度史》，頁 323。

助的力量。至於生育上的因素，即如呂思勉所說的，是後來附會的，並不一
定真有其事。〔註69〕

第二節　婚禮之禁忌

　　前一節有關「婚前之禁忌」，主要是討論六禮中「納采」、「問名」、「納吉」、
「納徵」等階段中的禁忌。本節所謂的「婚禮之禁忌」，則著重於「請期」、「親
迎」至新婦行完「成婦之禮」等過程中應該注意的事項。

一、婚期的禁忌

　　本小節所謂的「婚期」，主要指兩方面而言：一是著重於男女婚配時的年
齡，亦即「婚齡」；二則是指婚禮舉行的時日，亦即「婚時」。以下便分別對
「婚齡」及「婚時」加以敘述與討論。

（一）婚齡的禁忌

　　從春秋、戰國時代文獻之記載，不難發現當時人們對於男女婚配時的年
齡極為重視。《禮記・禮運》即云：

　　　　合男女，頒爵位，必當年德。

其中便明白地指出男女應該在適當的年齡進行婚配。一方面不宜過早，以免
影響身體健康；一方面又不宜過晚，以免因過了適婚年齡，而造成許多曠男
怨女。

　　此外，男女雙方的年齡也不應太過懸殊。《周易・大過》對這種老夫少妻
或老妻少夫的情形，形容為「枯楊生稊」以及「枯楊生華」，可見是極為少見
的；而且，有時也在優生的目的下，加以禁制。例如越王勾踐即規定：

　　　　令壯者無取老婦，令老者無取壯妻。〔註70〕

可見春秋、戰國時代，人們對男女之婚齡，確實是相當重視的。

　　然而，男女要在什麼時候，才算是達到了適婚年齡。先秦文獻中有許多
的看法，近人呂思勉對此曾有所綜述。他說：

　　　　古書言昏年者：《書傳》、《禮記》、《公羊》、《穀梁》、《周官》，皆以

〔註69〕關於此一觀點，亦可參見朱建軍，〈氏族內婚禁忌探源〉，《中國社會科學》1991
　　　　年第四期，頁159。
〔註70〕《國語・越語上・勾踐滅吳》，頁635。

男三十而娶，女二十而嫁。《墨子》、《韓非》則謂丈夫二十，婦人十
五。《大戴》又謂大古五十而室，三十而嫁；中古三十而娶，二十而
嫁。《異義》、《大戴・禮說》，三十而室，二十而嫁，天子庶人同禮。
《左氏》說，天子十五而生子；三十而娶，庶人禮也。〔註71〕

此外，《說苑・貴德》亦引管仲之言曰：

令國丈夫三十而室，女子十五而嫁。〔註72〕

經由以上的敘述，我們不難看出古人對於婚齡的規定，確為眾說紛紜，莫衷
一是。

呂思勉對適婚年齡的各種說法，亦有所解釋。他認為：

諸說紛紛者何？曰：女子十四五可嫁，男子十五六可娶，生理然也。
果何時娶，何時嫁，則隨時代而不同。大率古人晚，後世較早？則
生計之舒蹙為之也。〔註73〕

呂氏認為婚齡之有早有晚，與經濟情況有關，雖尚有值得商榷的餘地。但是，
他將婚齡與生理結合，則至為正確。前引的各種說法，除了《左傳・襄公九
年》所載之「國君十五而生子」較早外，其餘均在男子二十歲，女子十五歲
行完冠笄禮之後；即使國君早婚，亦需經過冠禮才算合乎禮節。可見適婚年
齡，與成年禮有著密切的關係。

古人認為在行過冠笄禮之後，即指生理及心理發育已臻成熟。經過成年
禮之後，才能夠結婚生子，否則對自身與後代的健康，均會造成不良的影響。
中國古代許多醫學典籍中，對此均甚為注意。例如，南齊褚澄在其《褚氏遺
書》中即云：

合男女必當其年。男雖十六而精通，必三十而娶；女雖十四而天癸至，
必二十而嫁，皆欲陰陽氣完實而後交合。則交而孕，孕而育，育而為
子堅壯強壽。今未笄之女，天癸始至，已近男色，陰氣蚤泄，未完而
傷，未實而動，是以交而不孕，孕而不育，育而子脆不壽。〔註74〕

而《論語・季氏》：

君子有三戒：少之時，血氣未定，戒之在色。

〔註71〕呂思勉，《中國制度史》，頁328。
〔註72〕漢・劉向，《說苑・卷五・貴德》，頁40。
〔註73〕同註71。
〔註74〕南齊・褚澄，《褚氏遺書・問子》（《景印文淵閣四庫全書，第七三四冊》），頁
547。

以及《禮記・曲禮》所謂：

> 二十曰弱冠；三十曰壯，有室。

都是從生理衛生的角度來探討男女的適婚年齡。

此外，《尚書大傳》云：

> 孔子對子張曰：「男三十而娶，女二十而嫁。女二十而通於織紝績紡
> 之事，黼黻文章之美。不若是，則上無以孝於舅姑，而下無以事夫
> 養子也。〔註75〕

漢代王吉亦云：

> 夫婦，人倫大綱，夭壽之萌也。世俗嫁取太早，未知爲人父母之道
> 而有子。是以教化不明，而民多夭。〔註76〕

則是著眼於人事，希望男女能於適婚年齡再行婚配媾合，以免在相夫教子及
侍奉公婆等人事方面有所缺陷。

　　總而言之，無論從生理衛生抑或是從人事等角度來看，男女最好在達到
一定的年齡之後，再行論及婚嫁。如此一來，對自身及子嗣的健康有所保障；
對人事上的事務，如相夫教子，侍奉公婆等，也才能夠處理得宜。至於，究
竟是「男子二十而娶，女子十五而嫁」抑或「男子三十而娶，女子二十而嫁」，
則或許即如《孔子家語・本命解》之所載：

> （哀）公曰：「男子十六通精，女子十四而化，是則可以生民矣。而
> 《禮》：男子三十而有室，女子二十而有夫也。豈不晚哉？」孔子曰：
> 「夫禮言其極，不是過也。男子二十而冠，有爲人父之端；女子十
> 五而嫁，有適人之道。於此而往，則自昏矣。〔註77〕

在這段時間內，均是男女的適婚年齡，不宜過早，也不宜太晚。

（二）婚時的禁忌

　　結婚既然是終身大事，因此，人們總選擇吉日良辰來舉行婚禮。從春秋、
戰國時代的文獻資料中亦可發現，當時除了對男女之婚齡有所限制外，對結
婚的時日亦有嚴格的規定。《儀禮・士昏禮》云：

> 請期曰：「吾子有賜命，某既申受命矣。惟是三族之不虞，使某也請
> 吉日。」對曰：「某既前受命矣，唯命是聽。」曰：「某命某聽命于

〔註75〕清・皮錫瑞，《尚書大傳疏證・卷一》（《尚書類聚初集〔8〕》），頁159。
〔註76〕漢・班固，《漢書・卷七十二・王吉傳》，頁817。
〔註77〕《孔子家語・本命解》，頁170。

吾子。」對曰：「某固唯命是聽。」使者曰：「某使某受命，吾子不

許，某敢不告期曰某日。」對曰：「某敢不敬須。」

男方家長於納徵之後，即慎重地選擇一吉日良辰，以便行親迎之禮；並且，
尚須委派媒人告知女方家長，經女方家長同意所選定之日期後，親迎的日子
才就此確定下來。由此可見，男女雙方對親迎之時日，均非常重視。

以下便由月、日、時等三方面，對春秋、戰國時代的婚時禁忌，加以介
紹：

首先，婚禮要在那一個月份舉行才適當？尚秉和於《歷代社會風俗事物
考》一書中曾云：

《詩》：桃之夭夭，灼灼其華，之子于歸，宜其室家。又《周禮‧地
官》：中春之月，令會男女，于是時也，奔者不禁。按中春者，仲春
也；夏曆二月也。是時桃紅柳綠，天氣和暖，人民嫁娶多於是時。
其怨女曠夫，則未免有情，誰能遣此，故雖奔而不禁。此以證社會
婚者，皆于是時也。〔註78〕

可以窺知：春秋、戰國時代，人們多於春天，尤其是農曆二月份舉行婚禮。

何以要選在仲春之月爲男女舉行婚禮？《禮記‧月令》云：

仲春之月……是月也，玄鳥至。至之日，以大牢祠于高禖，天子親
往。

鄭玄對此解釋說：

玄鳥，燕也。燕以施生時來，巢人堂宇而孚乳，嫁娶之象也。〔註79〕

此外，《白虎通‧嫁娶》亦云：

嫁娶必以春何？春者，天地交通，萬物始生，陰陽交接之時也。〔註80〕

春天是草木萌生、動物發情的時節，正象徵著萬物的生生不息；而「繼後世」
既爲男女婚配的重要目的之一。在感致巫術觀念的滲染下，於仲春之月令男
女大會田間，野合交媾，以祈禾稼的豐收外；男女若於此時婚配，亦能多育
子嗣。因此，春秋、戰國時代，男女之婚配多選在仲春前後來舉行，其目的
正是在於祈求子孫之綿延。

除了仲春之外，尚有其它時節是當時常用以婚配的。例如，《詩經‧邶風‧

〔註78〕 尚秉和，《歷代社會風俗事物考》，頁234。
〔註79〕 《十三經注疏〔5〕禮記‧月令》，頁299。
〔註80〕 清‧陳立，《白虎通疏證》，頁466。

匏有苦葉》云：

> 士如歸妻，迨冰未泮。

孔穎達《疏》曰：

> 正月冰未散，而〈月令〉孟春云：東風解凍。〈出車〉云：雨雪載塗。
> 謂陸地也，其冰必二月乃散。故〈溱洧〉箋云：仲春之時，冰始散。
> 〔註81〕

可見，「冰未泮」指的是仲春二月之前。此外，《詩經・衛風・氓》亦云：

> 匪我愆期，子無良媒；將子無怒，秋以爲期。

亦可看出，秋天也是男女婚配的好時節。

　　事實上，「農耕社會的諸種歲時行事與禮俗活動，無不以應天順時爲最高指導原則」。〔註82〕故在決定婚期時，也往往避開農忙的時節。因此，從秋收之後一直到春耕之前，就成爲春秋、戰國時代人們考慮婚期的重要時機。這也與當時「春則野處，冬則邑居」的經濟生活相適應的。例如，在湖南長沙子彈庫所發現的戰國楚帛書中，對不適宜婚嫁的時節有如下之記載：

> 女（如）此武，曰：……不可以嫁女、取臣妾。……余取（娶）女，
> 曰：……取（娶）女爲邦疑。……臧宊☑，曰：……取（娶）女，
> 凶。〔註83〕

此外，帛書中的啟月，似乎也不適合婚嫁。

　　據考證：如、余、啟、臧分別爲農曆之二、四、五、八月。其中四、五、八等三個月，分別是「萬物皆生枝布葉」、「萬物盛壯」以及「萬物成熟」〔註84〕的時節，正是農作物最需照顧、收成，農民最爲煩忙的時節。因此，在此三個月不宜結婚，是可以理解的。至於仲春二月不適合男女婚配，則似乎與其它文獻之記載有所出入。然而，若是對照楚帛書之一月來看，則可見其中之端倪：

> 取于下，曰：乞（虬）則至，不可以殺。〔註85〕

楚國地處南方，天氣回暖較北方之中原諸國爲早，一月時玄鳥早已飛至。因此，一月或許爲楚地最適宜婚配的時節。二月則因開始進入了農忙時期，故

〔註81〕《十三經注疏〔2〕詩經》，頁89。
〔註82〕林明峪，《臺灣民間禁忌》，頁45。
〔註83〕參見饒宗頤、曾憲通編著，《楚帛書》，頁74～81，以及李零，《長沙子彈庫戰國楚帛書研究》，頁75～78。
〔註84〕參見饒宗頤、曾憲通編著，《楚帛書》，頁108～114。
〔註85〕同前註，頁71。

男女亦不宜在此時婚嫁。

　　因此，春秋、戰國時代，從八月秋收之後，一直到三月春耕（楚地爲二月）等農閒之餘，均爲男女婚配的好時節。例如，《荀子‧大略篇》云：

　　　　霜降逆女，冰泮殺。〔註86〕

亦認爲從霜降（九月）開始，至冰泮（二月）爲止，均爲適宜婚嫁的時節。足見當時婚嫁在擇月方面，主要是與農業生活息息相關。

　　至於，春秋、戰國時代對於男女婚配的日子，也極爲重視，且有各種判斷某一天舉行婚禮是吉是凶的方法。睡虎地秦墓竹簡之《日書》中，便載有許多這類擇日的例子。其一，是以某月之某一天，來定吉凶，如：

　　　　春三月，啻（帝）……殺辰，……；夏三月，啻（帝）……殺未，……；
　　　　秋三月，啻（帝）……殺戌，……冬三月，啻（帝）……殺丑。
　　　　殺日，……不可以取婦家（嫁）女。〔註87〕

又如：

　　　　稷辰：正月二月，子秀，丑戌正陽，寅酉危陽，卯敫，……巳未陰，
　　　　午徹，亥結。……秀，……可取婦、家（嫁）女。……危陽，……不
　　　　可取婦、家（嫁）女。……敫，……不可取婦、家（嫁）女……取婦、
　　　　家（嫁）女，兩寡相當。……陰，……可取婦、家（嫁）女。〔註88〕

其二，是以月之朔望來判定，如：

　　　　正月、七月朔日，以出母（女）、取婦，夫妻必有死者。……凡月望，
　　　　不可取婦、家（嫁）女。〔註89〕

其三，是以二十八宿所值之日來判別吉凶，如：

　　　　角，……取妻，妻妒。……牴（氐），……取妻，妻貧。……心，
　　　　取妻，妻悍。箕，……取妻，妻多舌。……參，……取妻吉。……
　　　　東井，……取妻，多子。……翼，……取妻，必棄。〔註90〕

其四，則是以干支來決定，如：

　　　　甲子午、庚辰、丁巳，不可取妻，家（嫁）子。甲寅之旬，不可取

〔註86〕清‧王先謙，《荀子集解‧卷十九‧大略》（《無求備齋荀子集成〔22〕》），頁688。
〔註87〕睡虎地秦墓竹簡整理小組編，《睡虎地秦墓竹簡‧日書甲種‧啻》，頁195。
〔註88〕同前註，《日書甲種‧稷辰》，頁184～185。
〔註89〕同前註，《日書乙種》，頁241。
〔註90〕同前註，《日書甲種‧星》，頁191～192。

妻，毋（無）子；雖有，毋（無）男。〔註91〕

其五，則是將民間所流傳的一些代表婚姻不幸的神話與傳說，作爲擇日時的依據，如：

> 癸丑、戊午、己未，禹以取梌山之女日也，不棄，必以子死。戊申、
> 己酉，牽牛以取織女而不果，不出二歲，棄若亡。壬辰，癸巳，囊
> 婦以出，夫先死，不出二歲。庚辰、辛巳，敝毛之士以取妻，不死，
> 棄。〔註92〕

若逢吉日，則適合男女之嫁娶；反之，若是適逢婚嫁之凶日，則最好儘量避免娶妻或嫁女。

這些擇日之方法，可說是充滿著迷信、荒誕的色彩。但是，其中可以看出當時人們在面對男婚女嫁時，所關心的問題：

1. 祈求子嗣

繁衍子孫是婚姻的重要目的，因此，許多擇日的內涵，便圍繞在此一目的上。例如，取妻希望能夠「多子」，而忌諱「無子」；故於「殺」日婚嫁，自然違反了「生」的目的，是應儘量避免。

2. 祈求夫妻恩愛，免遭遺棄

男女婚嫁所求的，就是希望「夫愛妻」、「妻愛夫」。然而，春秋、戰國時代，出妻的事件時有所聞，所以在選擇婚期時，人們也儘量避免因犯忌而造成被棄的情形發生。例如，在某些忌日所娶之妻，會「悍」、「多舌」、「妒」、「不寧」、「貧」、「病」或是「不媚」，而這些非但會影響家庭的和諧，並且時常成爲男子出妻的藉口。因此，在擇日時也要避忌之。

除了月、日之外，結婚的時辰也是人們所重視的。婚禮之所以稱爲「婚」，其來源便是由於婚禮於黃昏時進行。《儀禮・士昏禮》中便載有夫婿於初昏之時，前往女方家迎娶新婦。此外，《白虎通・嫁娶》亦云：

> 婚姻者，何謂也？婚者，昏時行禮，故曰：「昏」。〔註93〕

可見，春秋、戰國時代，婚禮中之「親迎」一節，是於黃昏之時舉行。

何以婚禮必得於黃昏時舉行？漢儒多將其附會於陰陽思想之中。例如，

〔註91〕同前註，《日書甲種》，頁209。
〔註92〕同前註，頁208。
〔註93〕清・陳立，《白虎通疏證》，頁491。

許慎《說文解字‧女部》云：

> 禮，娶婦以昏時。婦人，陰也，故曰婚。〔註94〕

《白虎通‧嫁娶》亦謂：

> 所以昏時行禮何？示陽下陰也。昏亦陰陽交時也。〔註95〕

但是，如何將婚禮與陰陽思想附會在一起？近人陳鵬於其《中國婚姻史稿》
一書中有所闡釋：

> 昏時行禮，于義何取？漢儒謂天地自然之道，分為陰陽，陽尊居上，
> 陰卑居下。陰陽交媾，陽先下陰。循此理以衡人事，則男為陽，女
> 為陰，男女婚媾，亦陰陽之交也，故男先下女。黃昏，陰陽相交之
> 際，婿必以此時親迎，蓋取男下女，陰陽相交之義也。〔註96〕

也就是說，漢儒將男女婚媾視為陰陽交合之事。因此，在天人合一的觀念下，
婚時也必須選在天地陰陽相交合之際的黃昏來舉行親迎之禮，如此才符合男
女合和之道。

然而，呂思勉對漢儒的說法提出了異議，他認為：

> 昏禮必行之昏時者？《鄭目錄》云：「取陽往陰來之義。」此後來之
> 曲說，其初蓋以便劫掠也。〔註97〕

劉師培對此有較詳細之說明：

> 其行禮必以昏者，則以上古時代用火之術尚未發明，劫婦必以昏時，
> 所以乘婦家之不備，且使之不復辨其為誰何耳。後世相沿，浸以成
> 俗，遂以昏禮為嘉禮之一矣。〔註98〕

呂、劉二氏，均將婚禮於昏時舉行，解釋為沿襲自原始先民掠奪婚之遺俗。
因為掠奪為避免他人發覺，故於黃昏後天黑之時行動。

陳鵬則不贊成婚禮於黃昏之時舉行，是源自先民的掠奪婚。他認為：

> 愚意男女昏時會合，古俗已然，是乃羞恥心發達之結果，未必由于
> 掠奪也。……蓋古時男女會合，頗任自由，桑間濮上，人約黃昏後，
> 情感既融，便成伉儷，浸而成俗，遂沿為嫁娶之期。夫婦關係既因

〔註94〕漢‧許慎撰，清‧段玉裁注，《說文解字注‧十二篇下》，頁614。
〔註95〕同註93，頁492。
〔註96〕陳鵬，《中國婚姻史稿》，頁4。
〔註97〕呂思勉，《中國制度史》，頁324。
〔註98〕劉師培，〈古政原始論〉，收錄於《劉申叔先生遺書》，頁810。

　　　　昏而成，故名曰婚姻，以此推之，雖不中不遠矣。〔註99〕

則將昏時舉行婚禮，是人們因為羞恥心的作用下，不敢於光天化日之下戀愛交媾，故在黃昏後進行而來的。

　　比較兩種說法，掠奪婚的說法，可能較合於事實。因為，若是古時男女之會合，頗為自由，則大家應習以為常，不一定忌諱於日間相戀交合。

　　此外，根據近來民族學田野調查的結果，則對婚時之起源，有另一種不同的看法。例如，常金倉即認為：

　　　　古人選擇初昏時刻親迎新婦本來是襲用氏族制下「走訪婚」的習俗，
　　　　這種習俗的情形在……雲南永寧納西族還廣泛實行。如果男子要直
　　　　接去到女家，常在夜深人靜之後，根據事先約定好的暗號……通知
　　　　靜候在房中的女子。……這些前往女阿注（朋友義）家裡偶居的男
　　　　子，或在拂曉前，或在黎明後，便又紛紛離去，匆忙地趕回母家，
　　　　從事一天的勞動生產。〔註100〕

則是認為婚時乃源自於這種夜往日還的「走訪婚」。此一說法亦可做為參考。

　　無論是「掠奪婚說」抑或是「走訪婚說」，人們於黃昏時舉行婚禮，應是從上古先民之風俗轉化而來的。至於陰陽觀念當為後起的。然而，睡虎地秦墓竹簡《日書》中云：

　　　　子、寅、卯、巳、酉、戌為牡日，丑、辰、申、午、未為牝。……
　　　　十二月、正月、七月、八月為牡月，三月、四月、九月、十月為牝
　　　　月。牝月牡日取妻，吉。〔註101〕

以及：

　　　　陰日，……家（嫁）子、取婦，……大吉。〔註102〕

等等之記載，則可以窺見，至遲在戰國末年，婚期結合陰陽思想的觀念便已出現了，並非始於漢代。

　　春秋、戰國時代，除了對婚期的月、日、時有所限制外，在某些特定的時間裡，也是忌諱舉行婚禮的。《禮記‧內則》便載女子二十而嫁，但若遭逢

〔註99〕陳鵬，《中國婚姻史稿》，頁4～5。
〔註100〕常金倉，〈先秦禮儀風俗的演化規律〉，《北方論叢》1993年第一期，頁92。
　　　　亦可參見李衡眉，〈掠奪婚說問難〉，收錄於氏著，《中國古代婚姻史論集》，
　　　　頁33。
〔註101〕《睡虎地秦墓竹簡‧日書甲種》，頁209。
〔註102〕同前註，頁181。

父母之喪，因需服三年之喪，故要至二十三歲才能出嫁。此外，《左傳·昭公三年》亦載：

> 齊侯使晏嬰請繼室於晉。……韓宣子使叔向對曰：「寡君之願也。寡
> 君不能獨任其社稷之事，未有伉儷。在縗絰之中，是以未敢請。」

可見，居親人之喪時，也是忌諱男女婚媾的。

總而言之，婚姻為人生的終身大事，向來為人們所重視並且關心的。人們在婚期之訂定上，往往必須選擇良辰，迴避忌日，以免因觸犯忌日，而遭到不幸的惡果。在睡虎地秦墓竹簡之《日書》中，即可看到許多這類型的例子。因此，婚期的禁忌，是春秋、戰國時代人們於婚姻禮俗中相當重視之觀念。

二、親迎的禁忌

「親迎」是婚姻「六禮」中最後一項儀式。而這種儀式，至少在周文王之時，便已形成一套完整的儀節。《詩經·大雅·大明》即云：

> 文王嘉止，大邦有子；大邦有子，俔天之妹。文定厥祥，親迎于渭；
> 造舟為梁，不顯其光。

此外，《儀禮·士昏禮》對整個「親迎」過程，更有著詳細且繁複的記載。

在整個「親迎」的過程中，無論是男方或女方，均有盛大的迎娶及陪嫁隊伍，尤其是貴族階級中，其情形更是如此。例如，《詩經·衛風·碩人》：

> 庶姜孽孽，庶士有朅。

以及《詩經·大雅·韓奕》中之：

> 韓侯迎止，于蹶之里；百兩彭彭，八鸞鏘鏘，不顯其光。諸娣從之，
> 祁祁如雲；韓侯顧之，爛其盈門。

均是對迎娶及陪嫁隊伍場面盛大之描寫。而他們的裝束，更是令人印象深刻。《儀禮·士昏禮》載：

> 主人爵弁，纁裳緇袘。從者畢玄端，乘墨車，從車二乘，執燭前馬。
> 婦車亦如之，有裧。

也就是說：女婿及迎娶之眾人，皆身穿黑色的衣服，乘坐黑色的車，至女家迎娶；至於，新婦所搭乘的車子，亦為黑色並有布幕遮蓋。

這種隨從人員之盛大，以及裝束打扮之怪異，論者多以為與原始先民之掠奪婚有關。劉師培於〈古政原始論〉一文中即云：

> 據〈士昏禮〉觀之，則劫掠婦女之遺義至周亦存。婿行親迎，必以
> 從車載從者，此古助人奪婦者也；婦入夫門，有姆有媵咸從婦行，
> 此古助人扞賊者也。〔註103〕

而隨從人員之裝備均以黑色，目的也是在於避免爲他人所發現，以方便劫掠；此外，搭載新婦除用黑色的車子，並用布幕遮蔽，其作用即在防止被掠奪之婦女因識路而逃回。因此，這些親迎時的規定，很明顯地是源自先民掠奪婚之習俗。

原始先民，各部落之間，爲了爭奪地盤，劫掠牲口，盜取禾稼，常處於相互之敵對狀態中。有時爲了勞動力，也會劫奪其他部落之成員，其中當然也包括婦女在內。因此，掠奪婚的制度便逐漸由此而產生。在先秦時代的文獻資料中，對掠奪婚之習俗也有所影射。如，甲骨文中，「娶」字寫作 婶，像手舉大斧，對著屈膝的女子，正表示著「娶」原是以威逼或戰爭所掠奪而來的。梁啓超氏於《中國文化史》一書裡即云：

> 社會學者言最初之婚姻起於掠奪。蓋男子恃其膂力，掠公有之女子
> 而獨據之，實母系革命之始。我國載籍中雖無明徵，然《易》爻辭
> 屢見「匪寇昏媾」之文，其一曰：「乘馬班如，泣血漣如，匪寇婚媾。」
> 夫寇與昏媾，截然二事，何至相混。得毋古代昏媾所取之手段與寇
> 無大異邪？故聞馬蹄蹴踏，有女啜泣，謂是遇寇，細審乃知其爲昏
> 媾也。〔註104〕

梁任公對此已探索到問題之核心。古代婚姻，由內婚而外婚，殆始自掠奪婚，似無可疑。此外，即使到了春秋、戰國時代，婚姻掠奪之風，仍然時常發生，例如《左傳》之莊公二十八年、襄公二十二年、桓公元年、二年、昭公元年、二十三年，以及《呂氏春秋‧察微》中，均有類似情形之記載。

因此，掠奪婚之形式，存在於中國古代社會之中，似乎是可以肯定。而由於掠奪婚之存在，雖然春秋、戰國時代的婚姻制度已進入了媒妁的階段，掠奪婚之遺義，仍影響著婚姻風俗之內容。所以，在春秋、戰國時代婚姻制度，尤其是在婚期以及親迎兩項儀式中，仍隱含著掠奪婚之習俗，也是不足爲奇的。

除此之外，新婦在整個親迎的過程中，也有需要注意的地方，例如，《呂

〔註103〕同註98。
〔註104〕梁啓超，《中國文化史（社會組織篇）》（《飲冰室專集（六）》），頁4。

氏春秋‧審應覽》即載：

> 白圭告人曰：「人有取新婦者，婦至宜安矜煙視媚行。豎子操蕉火而
> 鉅，新婦曰：『蕉火大鉅。』入於門，門中有歛陷，新婦曰：『塞之！
> 將傷人之足。』此非不便之家氏也，然而有大甚者。」〔註105〕

《戰國策‧衛策》亦言：

> 衛人迎新婦，婦上車，問：「驂馬，誰馬也？」御曰：「借之。」新
> 婦謂僕曰：「拊驂，無笞服。」車至門，扶，敬送母：「滅竈，將失
> 火。」入室見白，曰：「徙之牖下，妨往來者。」主人笑之。此三言
> 者，皆要言也。然而不免爲笑者，蚤晚之時失也。〔註106〕

可見新婦在親迎過程中，應該表現出從容、謹慎、舉止羞澀等態度，對周圍
之事物不應過於注意。否則，即有失身分，而徒遭人們之取笑。

三、婚禮不賀

　　婚姻是人的終身大事，理應好好地慶祝一番。然而，春秋、戰國時代卻
有婚禮不賀的規定。

《禮記‧曾子問》云：

> 孔子曰：「嫁女之家，三夜不息燭，思相離也；取婦之家，三日不舉
> 樂，思嗣親也。」

《禮記‧郊特牲》亦云：

> 昏禮不用樂，幽陰之義也。樂，陽氣也；昏禮不賀，人之序也。

《韓詩外傳》則綜合以上兩種說法：

> 嫁女之家，三夜不息燭，思相離也；取婦之家，三日不舉樂，思嗣
> 親也。是故昏禮不賀，人之序也。〔註107〕

此外，《呂氏春秋‧上農》亦云：

> 娶妻、嫁女、享祀，不酒醴聚眾。〔註108〕

可見得春秋、戰國時代，確實存在著「婚禮不賀」的規定。

　　然而，何以會有「婚禮不賀」之禁忌？由以上之記載，大致可歸納爲下

〔註105〕《呂氏春秋‧審應覽‧不屈》，頁 230。
〔註106〕漢‧劉向集錄，《戰國策》，頁 1167。
〔註107〕賴炎元註譯，《韓詩外傳今註今譯‧卷二》，頁 84。
〔註108〕《呂氏春秋‧士容論‧上農》，頁 332。

列幾種原因：

（1）樂爲陽，婚爲陰，陰陽不相干，故不得舉樂。《禮記集說》引陳祥道之言即云：

> 樂由陽來，而聲爲陽氣；禮由陰作，而昏爲陰義。故《周官・大司徒》：「以陰禮教親，則民不怨。」然則，婚之爲禮，其陰禮歟？古之制禮者，不以吉禮干凶禮，不以陽事干陰事，則婚禮不用樂，幽陰之義也。〔註109〕

（2）對女方而言，因爲自己的女兒離開了，故感到悲感；男方則自此以後將擔負起傳宗接代之任務，而感到責任之重大，因此，也無心慶賀。

（3）「婚禮不賀，人之序也」，婚禮只不過是人生進入另一個新階段的儀式，沒有必要特別的舉行祝賀。〔註110〕

但是，以上的三種原因，應該均屬於後來才興起的解釋。「婚禮不賀」的眞正原因，仍應從掠奪婚之遺俗來探討。

有關春秋、戰國時代婚禮中所含掠奪婚之遺俗，前已有所討論。婚禮必須在黃昏之時舉行，以及迎娶、送嫁之人員與裝束，在在都顯示出掠奪婚的性質。由於掠奪婚需要有隱密性，因此，若新婦爲搶掠而來，欣喜之餘，舉樂慶祝，樂聲喧鬧，則有曝露新婦之所在，使新婦有被原部落奪回之虞。而眾人之慶祝，也會降低警戒之能力，使外人有可乘之機。此外，女方之「三夜不息燭」，則是爲了亡羊補牢、加強戒備，以防其他部落又來掠奪。〔註111〕因此，「婚禮不賀」的禁忌，似是由掠奪婚制的遺俗所轉化而來的。

然而，《禮記・曲禮上》載：

> 賀取妻者曰：「某子使某，聞子有客，使某羞。」

或許有人以爲此段記載，則與「婚禮不賀」有所出入。但是，孔穎達對此則有解釋，他說：

> 案〈郊特牲〉云：「昏禮不賀，人之序也。」此云賀者，聞彼昏而送筐篚將奉淳意，身實不在爲賀。故云賀而其辭則不稱賀，曰：「某子使某者。」此使者辭也。〔註112〕

〔註109〕宋・衛湜，《禮記集說・卷六十七・郊特牲》（《景印文淵閣四庫全書，第一一八冊》），頁431。

〔註110〕任騁，《中國民間禁忌》，頁125。

〔註111〕劉光義，《古典籍中所凸顯的貴族婚姻》，頁6。

〔註112〕《十三經注疏〔5〕禮記・曲禮上》，頁38。

此外，李安宅亦認為，這只是送禮助費，並不是賀婚。〔註113〕由此可知，《禮記·曲禮上》之記載，和「婚禮不賀」的禁忌是不相違背的。

四、廟見的禁忌

新婦在進入夫家之初，事實上必須至夫家的宗廟中拜謁男方之祖先，此一儀節在《禮》書中稱之為「廟見」。李玄伯認為：

> 必須家族永遠不斷，祀祖方能永遠不絕。故婚禮在希羅、在中國皆認為極重要。希羅的婚禮皆分為三節：……第三節在夫家，希羅制度皆須見祖先，然後婦人及夫方有共同宗教。這節在祀祖及各家有各家的家族宗教思想裡，甚為重要，婚禮的神髓亦即在此。〈士昏禮〉並未言廟見，但我相信古代亦曾有此禮。〔註114〕

由此可見「廟見」之禮無論在中外，均是相當重要的。

至於「廟見」之禮於何時舉行？《禮記·曾子問》中對此有詳盡的記載：

> 孔子曰：「……三月而廟見，稱來婦也。擇日而祭於禰，成婦之義也。」曾子問曰：「女未廟見而死則如之何？」孔子曰：「不遷於祖、不祔於皇姑；婿不杖、不菲、不次；歸葬於女氏之黨。示未成婦也。」

可知「廟見」之禮，是在婚後三個月舉行的。

何以要行「廟見」之禮？管東貴對此曾有所論述。他認為：

> 從迎娶到廟見的這三個月期間，婚姻尚在一種不穩定的狀態中。在這期間，任何一方對這門親事不滿意，婚姻便可輕易終止，新娘即乘自備的馬（或馬車）返回娘家。如果在這期間新娘不幸亡故，則男家不但不在廟中為她立神主牌位，不為她服喪，而且還要把她的屍體運回女家去埋葬。這是什麼意思？〈曾子問〉說是「示未成婦也」，也即婚姻當事人的夫婦名分還沒有確定。用我們現在的話來說就是，在廟見以前男女當事人尚是處在試婚的狀態中。〔註115〕

〔註113〕參見李安宅，《儀禮與禮記之社會學的研究》，頁48。

〔註114〕李玄伯，〈希臘羅馬古代社會研究序〉，收錄於氏著，《中國古代社會新研》，頁8。

〔註115〕管東貴，〈中國古代的娣媵制與試婚制〉，收錄於《中央研究院國際漢學會議論文集·民俗與文化組》，頁15。

以管氏的論述為基礎，可以認為之所以會有此三個月的試婚期才行「廟見」之禮，是與當時的祭祀活動有著極密切的關係。《禮記·昏義》云：

> 昏禮者，將合二姓之好，上以事宗廟，而下以繼後世也。

「事宗廟」既然是婚姻之重要目的，因此新婦初入夫家時，夫婿必得率新婦至宗廟之中，拜謁祖先，以便將新婦介紹給祖先知曉，並請求祖先們之接納，是可以理解的。然而，新婦若有惡疾，則不能行宗廟祭祀之禮。因此，需要三個月的試婚期，以觀察新婦之身體是否健康。若是察覺其有惡疾纏身，則新婦即有被休棄的可能。由此可以窺知，「廟見」之禮的目的。

此外，管東貴亦認為：

> 自迎娶到廟見是他們的試婚期，在這期間男女當事人不得同房。

〔註116〕

因此，《左傳·隱公八年》所載：

> 四月甲辰，鄭公子忽如陳逆婦嬀。辛亥，以嬀氏歸。甲寅，入于鄭。陳鍼子送女。先配而後祖。鍼子曰：「是不為夫婦，誣其祖矣，非禮也，何以能育。」

即是鄭公子忽如違犯了「廟見」的禁忌，在未行「廟見」之前，就與嬀氏同房，故遭受到陳鍼子的譏罵。由此可知，「廟見」之禮也是當時重要的婚姻禁忌之一。

第三節　人際關係之禁忌

《周易·序卦》云：

> 有天地，然後有萬物；有萬物，然後有男女；有男女，然後有夫婦；
> 有夫婦，然後有父子；有父子，然後有君臣；有君臣，然後有上下；
> 有上下，然後禮義有所錯。

夫婦既是組成人際關係的要素，因此，造成夫婦關係的婚姻制度，即為組成人際關係的重要手段。

由於男女婚姻之結合，不但形成了夫妻的關係，也同時因婚姻而造成了父子、母子、姻親……等等的人際關係。本節的重點，即在討論由於婚姻所帶來的各種人際關係之間相處的禁忌。

〔註116〕同前註。

一、夫妻間的禁忌

因婚姻所造成的人際關係，無疑地，夫妻是其中最基本且最重要的關係。而春秋、戰國時代，對夫妻雙方之關係，也有許多禁忌的規定，需要彼此遵守奉行。

夫妻是組成一個家庭最基本的成員，夫妻雙方關係之善惡，勢必影響著家庭生活的和諧與否。《禮記・內則》即云：

> 禮，始於謹夫婦。爲宮室辨外內，男子居外，女子居內，深宮固門，閽寺守之，男不入，女不出。

可見，古人對夫妻雙方之關係，極爲重視。

《禮記・坊記》云：

> 諸侯不下漁色，故君子遠色以爲民紀，故男女授受不親。

這是因爲古人對於男女關係看得非常嚴肅。而這種態度亦應用於夫妻雙方之相處上。男女即使親如夫妻，也應「相待如賓」，[註117] 不能太過於親暱。

此外，《國語・魯語》亦云：

> 公父文伯卒，其母戒其妾曰：「吾聞之：好內，女死之；好外，士死之。今吾子夭死，吾惡其以好內聞也。二三婦之辱共先者祀，請無瘠色，無洵涕，無搯膺，無憂容，有降服，無加服。從禮而靜，是昭吾子也。」仲尼聞之曰：「女知莫若婦，男知莫若夫。公父氏之婦智也夫！欲昭其子之令德。」[註118]

公父文伯之母告誡其子媳，喪祭時不要過於悲傷、逾禮，以免使其子遭「好內」之惡名。而此一舉動，甚至受孔子之推崇。由此可見，即使親密如夫妻者，其雙方之關係亦須合乎禮制。

所謂夫妻雙方之關係，實際上大多是指雙方床笫之間的關係而言，也就是所謂的性禁忌。因此，本小節所論述之夫妻間的禁忌，其重點也即在探討此一禁忌。

《詩經・鄘風・蝃蝀》云：

> 蝃蝀在東，莫之敢指。

《毛傳》對此解釋說：

> 蝃蝀，虹也。夫婦過禮則虹氣盛，君子見戒而懼諱之，莫之敢指。

〔註117〕語見《國語・晉語五・臼季舉冀缺》，頁393。
〔註118〕《國語・魯語下・公父文伯卒其母戒其妻》，頁211。

可見天邊出現虹蜺，即表示夫妻逾禮，違反了性禁忌。

　　有關虹蜺能行禍崇，早在甲骨文中便有所記錄，可見這種禁忌的源遠流長。在甲骨文中，「虹」字作 ，象高掛於天際的兩頭蛇（或龍）。聞一多於〈伏羲考〉一文中曾指出：

　　　　《山海經》等書裡凡講到左右有首或前後有首，或一身二首的生物
　　　　時，實有雌雄交配狀態之誤解或曲解。〔註119〕

在先秦時代人們的觀念之中，虹是天上的一種蛇龍動物，天際出現虹蜺即為這種動物雌雄交配的現象，色明者是雄虹，色暗者為雌虹，緊緊相依，兩尾相連，便是雌雄交配。〔註120〕由此對照《毛傳》「夫婦過禮則虹氣盛」之說，可以看出在當時人們的心目中，若是天邊出現彩虹，則表示人間夫婦過禮（暗指交合）的象徵。古人敘事，受限於「君子制法，不可指斥言之」的戒律約束，對男女甚至是動物雌雄之交配，不惜用曲筆加以描繪的情形是可以理解的。由此可知春秋、戰國時代，對於夫妻之交合，是強調不能過度的。

　　《周易·咸卦》云：

　　　　咸，亨利貞，取女吉。

孔穎達《疏》對此解釋說：

　　　　此卦明人倫之始。夫婦之義，必須男女共相感應，方成夫婦。既相
　　　　感應，乃得亨通；若以邪道相通，則凶害斯及，故利在貞正。既感
　　　　通以正，即是婚媾之善。故云：「咸，亨利貞，取女吉也。」〔註121〕

可見，當時要求夫妻要以「亨通」，不能「以邪道相通」，即不能違反性禁忌之規定。若是夫妻交合沒有節制，則可能對身體健康造成損傷。《左傳·昭公元年》：

　　　　晉侯求醫於秦，秦伯使醫和視之，曰：「疾不可為也，是謂近女室。
　　　　疾如蠱，非鬼非食，惑以喪志。……女，陽物而晦時，淫則生內熱
　　　　惑蠱之疾。今君不節、不時，能無及此乎？」

便是因房事沒有節制而對健康造成不良影響的例子。

　　檢索春秋、戰國時代的典籍，可以發現許多有關夫妻間性禁忌之記載。

〔註119〕聞一多，〈伏羲考〉，收錄於朱自清等編，《聞一多全集·甲集·神話與詩》，
　　　　頁15。
〔註120〕參見高亨，《詩經今注》，頁73。
〔註121〕《十三經注疏〔1〕周易》，頁82。

而這些禁忌，又可分爲天忌、地忌、時忌幾種類型。以下試著逐一予以討論之。

（1）天　忌

所謂「天垂象，見吉凶」，古人認爲天象之變化，正反映著人世間的吉凶禍福。例如，前引虹現天際，則代表著夫妻之過禮。因此，在天體運行及天象產生某些變化時，是禁止夫妻交合。

《禮記・月令》云：

> （仲春之月）是月也，日夜分，雷乃發聲，始電，蟲咸動，啓戶始出。先雷三日，奮木鐸以令兆民曰：「雷將發聲，有不戒其容止者，生子不備，必有凶災。」

孔穎達《疏》對此解釋說：

> 〈玉藻〉云：迅雷甚雨則必變，雖夜必興，衣服冠而坐，所以畏天威也。小人不畏天威，懈慢褻瀆，或至夫婦交接。君子制法，不可指斥言之，故曰：有不戒其容止者。言此時夫婦交接生子，支節性情必不備，其父母必有災也。〔註122〕

即認爲：在狂風暴雨、打雷閃電之夜，禁止夫妻交合，否則不但對夫妻本身有所損害；若是受孕生子，則對嬰兒的健康與個性，亦有不良之影響。

除了仲春之月外，《禮記・月令》中對仲夏及仲冬，亦要求夫妻要「止聲色」、「去聲色、禁耆欲」，仲秋之月雖未提及，但應爲省文，實際上也應包含在內。就氣象學的觀點而言，包含春分、夏至、秋分、冬至的仲春、仲夏、仲秋及仲冬，正處於季節交替之際，氣候易生變化。若夫妻在此時交接，不但因本身身體不易調適，並且容易受到氣候突變之驚嚇而影響健康。因此，此時夫妻應儘量避免行房。

此外，宋人周密於《齊東野語》亦云：

> 凡婦人，陰道，晦明是其所忌。故古之君人者，不以月晦及望御於內。晦者陰滅，望者爭明，故人君尤慎之。〔註123〕

此雖爲宋人之言，但是這種觀念至遲於戰國時代便已出現。睡虎地秦墓竹簡《日書》中即記載著：

〔註122〕《十三經注疏〔5〕禮記》，頁300。
〔註123〕宋・周密，《齊東野語・卷十九・后夫人進御》（《景印文淵閣四庫全書，第八六五冊》），頁840。

> 正月、七月朔日，以出母（女）、取婦，夫婦必有死者。……凡月望，
> 不可取婦、家（嫁）女。〔註124〕

此處雖不直言夫妻交接，但是於某日娶婦、嫁女，亦代表新婚夫婦於此日結
合。因此，禁止於朔、望之日婚娶，即表示禁止夫妻於此時交接。

　　何以會禁止夫妻於朔、望之日行房？中國傳統觀念，把男女分歸爲陰、
陽，男歸陽，女歸陰；此外，將月亮亦歸之爲陰，稱爲「太陰」。因此，將同
屬陰的月亮及女性相附會，是理所當然的。月亮有盈有虧，朔、望正是其極
衰及極盛之時。若是將其附會於女性，則朔、望之日也正是女性生理處於極
端的兩個階段。因此，若是於朔、望之日夫妻交合，則分別會造成妻與夫的
損傷。《周易‧姤卦》：

> 姤，女壯，勿用取女。

所指的也正是同一道理。

　　這種將女子之生理狀況與月之圓缺相附和，而禁止夫妻接合的情形，大
概還是與人們對於血的禁忌有關。李時珍於《本草綱目》中曾論女子之「月
水」，他認爲：

> 女子，陰類也，以血爲主。其血上應太陰，下應海潮。月有盈虧，
> 潮有朝夕，月事一月一行，與之相符，故謂之月水、月信、月經……
> 女人入月，惡液腥穢，故君子遠之，爲其不潔，能損陽生病也。
> 〔註125〕

正是這種禁忌的最佳詮釋。

　　雖然，禁止夫妻於朔、望之日交合的規定，含有迷信的色彩。但是，女
子在經期中避免房事，不但在《禮記‧內則》中有所規定，〔註126〕同時亦爲
現代醫學所肯定的；此外，朔、望之日，太陽及月亮對地球的引力最大，不
但會造成海水潮汐之上漲，同時也會造成氣候上的突變。因此，夫婦於此時
禁忌行房，亦和禁止於二分二至之時交接的原因相同，皆是爲了男女雙方及
後代子孫之健康著想，仍是合乎衛生與科學的。

〔註124〕《睡虎地秦墓竹簡‧日書乙種》，頁241。
〔註125〕明‧李時珍，《本草綱目‧卷五十二‧婦人月水》（《景印文淵閣四庫全書，第
　　　　七七四冊》），頁536。
〔註126〕《禮記‧內則》云：「妻將生子，及月辰，居側室。」其中所謂之「月辰」，
　　　　尚秉和認爲指的即是婦女之經期。參見氏著，《歷代社會風俗事物考》，頁
　　　　248。

（2）地　忌

所謂「地忌」，就是禁止夫妻於某些場所交合。《婦人大全良方》中即云：

> 凡欲要兒子生吉良日，交會……避日月火光星辰之下，神廟佛寺之
> 中，井灶囷廁之側，塚墓屍柩之旁，皆悉不可。〔註127〕

這種夫妻交合的「地忌」觀念，也可以在睡虎地秦墓竹簡《日書》中，找到類似的例子。《日書》云：

> 取婦爲小內，內居西南，婦不媚於君；內居西北，毋（無）子；內
> 居東北，吉；內居正東，吉；內居南，不畜；當祠室、依道爲小內，
> 不宜子。〔註128〕

其中的「小內」，指的應該即爲夫妻兩人之寢室。

這些對夫妻寢室位置之禁忌，應該是屬於夫妻交合的「地忌」範圍。依照其中內容顯示，若是夫妻交接避開「地忌」，則吉；否則，有「婦不媚於君」、「不宜子」，甚至被出（不畜）等不良後果。因此，夫妻交合之地點，是需要加以注意並且留心的。

雖然，我們不能完全明白《日書》中有關夫妻交合之「地忌」規定。但是，夫妻之行房應該是在安祥寧靜的環境下進行。若是地點不好，則有被打擾、甚至遭到驚嚇之虞，如此一來，對夫妻雙方之身心健康必有不良的損傷。例如，《日書》中即規定不要「依道爲小內」，便是希望避免這類情事發生。所以，《日書》中有關「地忌」之記載，仍是有其合理性。

（3）時　忌

所謂「時忌」，即指在某些時間內，禁止夫妻行房，它和「天忌」有所區別。「天忌」是與天象變化、天體運行有關，其中包括各種節氣在內；至於「時忌」，則純粹指某些時辰而言。

古人對夫妻同房，歷來極爲講究忌諱。這種對夫妻性生活加以限制的觀念，至晚在戰國末年便已形成。例如，睡虎地秦墓竹簡《日書》中即云：

> 凡……夫妻同衣，毋以正月上旬午，二月上旬亥，三月上旬申，四月
> 上旬丑，五月上旬戌，六月上旬卯，七月上旬子，八月上旬巳，九月
> 上旬寅，十月上旬未，十一月上旬辰，十二月上旬酉。凡是日，赤帝

〔註127〕宋・陳自明撰，《婦人大全良方・卷九・求嗣門》，〈禁忌法〉（《景印文淵閣四庫全書，第七四二冊》），頁602。
〔註128〕《睡虎地秦墓竹簡・日書乙種》，頁211。

（帝）恆以開臨下民而降其英（殃），不可具爲百事，皆母（無）所

利。節（即）有爲也，其央（殃）不出歲中，小大必至。有爲而禹（遇）

雨，命日央（殃）蚤至，不出三月，必有死亡之志至。〔註129〕

其中所謂的「夫妻同衣」，指的就是夫妻之行房。〔註130〕由此可見，一年十二個月當中，每個月上旬都定有一天是禁止夫妻同房的。然而，何以會有這些規定？其中是含有迷信色彩的。認爲這一些時日，是赤帝降殃的日子，因此需要避忌之。

除了某些日子是忌諱夫妻同房外，春秋、戰國時代亦規定了夫妻是不准於白天交合的。《論語・公冶長》云：

宰予晝寢，子曰：「朽木不可雕也，糞土之牆不可污也，於予與何誅？」

其中「晝寢」的眞正意義，今人趙建偉對其有詳細的解釋。他認爲：

「晝寢」在古書中有兩個含義，一個是指白天睡覺，這在古代不忌

諱；一個是指白天夫婦同房交媾，這在儒家眼裡視爲大忌。〔註131〕

趙氏並引用許多文獻之記載，以證成其說，其觀點可說是至爲允當；此外，宋人張君房所輯之《雲笈七籤》中有所謂：

夫妻晝合，五不祥〔註132〕

亦可作爲「晝寢」爲「夫妻晝合」之旁證。因此，孔子對宰我「晝寢」之大加撻伐，主要是批評宰我於白天夫妻交媾。

夫妻交媾，極爲耗費精力。因此，夫妻於交合之後，理應有充分的休息，以恢復體力及精神。然而，若是夫妻於白天行房，則可能無法獲得充分的時間恢復身體的狀況。久而久之，則會對身體之健康造成損傷。因此，禁止夫婦「晝寢」，是合乎衛生觀念的。

總而言之，基於繁殖後代、衛生保健以及嚴肅男女關係的需要，春秋、戰國時代將夫妻之間的性關係，看做是一件極爲神聖的事。因而對夫妻之房事，提出了種種的禁制。其中雖然摻雜入天地鬼神的觀念，以及陰陽思想，認爲如不遵守這些禁忌而勉強行房，其下場不是奪命減壽，危害自己，便是令胎兒受損，貽禍子孫。然而，其中仍存在著合理性和科學性的，絕不能全

〔註129〕《睡虎地秦墓竹簡・日書乙種・行》，頁200。

〔註130〕參見吳小強，〈試論秦人婚姻家庭生育觀念〉，《中國史研究》，1989年第三期，頁107。

〔註131〕趙建偉，《人世的“禁區”——中國古代禁忌風俗》，頁163。

〔註132〕宋・張君房輯，《雲笈七籤・卷三十二》，頁186。

以迷信無知看待。

二、出妻的禁忌

　　家庭，是組成社會最基本的單位；而婚姻，則爲建立家庭最重要的手段。因此，中國向來將夫婦之關係視爲人倫之始。有良好的夫妻關係，才會有健全的家庭，也才能創造出和樂的社會。可見，夫婦之關係對整個社會乃至於國家之影響頗鉅。

　　男女經過種種禮俗規定，好不容易結合爲夫妻，理應和諧相處，期盼能夠白頭偕老。然而，檢視春秋、戰國時代之文獻，不難發現當時夫妻離異之事件頗爲頻繁，即使是至聖孔子，亦一門三代夫妻仳離。〔註133〕當時，雖有女子主動要求離異者，然究屬少數，絕大多數都是婦女遭丈夫所拋棄。因此，本一節所要討論者，則專注於婦女被出的情形。

　　春秋、戰國時代，對丈夫出妻的情形，有所謂的「七去」。「七去」也可稱爲「七出」、「七棄」，是七種有關丈夫可以休妻的規定。《大戴禮記・本命》云：

> 婦有七去：不順父母，去；無子，去；淫，去；妒，去；有惡疾，
> 去；多言，去；竊盜，去。〔註134〕

何以會有這些規定？《公羊傳・莊公二十七年》何休《注》解釋說：

> 婦人有七棄，……無子棄，絕世也；淫佚棄，亂類也；不事姑舅棄，
> 悖德也；口舌棄，離親也；盜竊棄，反義也；嫉妒棄，亂家也；惡
> 疾棄，不可奉宗廟也。〔註135〕

婚姻的目的，即如《禮記・昏義》所云：

> 昏禮者，將合二姓之好，上以事宗廟，而下以繼後世也。

因此，若是妻無子或有惡疾不能奉宗廟，則當然有被出之虞。此外，如《左傳・襄公二年》之記載：

> 禮無所逆，婦，養姑者也，虧姑以成婦，逆莫大焉。

故「不事姑舅」亦在被出之列。而男女之婚配，不僅只關係到兩個人，對雙方，尤其是男方之家族，有極爲重要的影響。因此，若是婦人犯了「淫佚」、「口舌」、「盜竊」以及「嫉妒」，皆會造成家族秩序的紊亂，故將這些也列入

〔註133〕參見李甲孚，《中國古代的婦女生活》，頁90～91。
〔註134〕清・王聘珍，《大戴禮記解詁》，頁255。
〔註135〕《十三經注疏〔7〕公羊傳》，頁105。

「七去」之中，是可以理解的。

　　然而，若是細究春秋、戰國時代婦女被出的原因，可以看出當時人們之出妻，早已超出了「七去」的範圍。其中有出於父母之好惡而出妻者，如《禮記・內則》：

　　　　子甚宜其妻，父母不悅，出。

有因開玩笑而被出者，如《左傳・僖公三年》：

　　　　齊侯與蔡姬乘舟于囿，蕩公。公懼，變色；禁之，不可。公怒，歸之。

有因私自積蓄而被出者，如《韓非子・說林上》：

　　　　衛人嫁其子，而教之曰：「必私積聚！爲人婦而出，常也；其成居，幸也。」其子因私積聚，其姑以爲多私而出之。其子所以反者，倍其所以嫁。〔註136〕

有因妻子無禮而丈夫要求離異者，如《韓詩外傳》：

　　　　孟子之妻獨居，踞。孟子入戶視之。白其母曰：「婦無禮也，請去之。」

　　　　〔註137〕

有因生子不類，而其夫要求離異者，如《孔叢子》：

　　　　尹文子生子不類，怒而杖之，告子思曰：「此非吾子也，吾婦殆不婦，吾將黜之。」〔註138〕

凡此種種，均可看出當時婦女被出之名義，可說是包羅萬象，同時亦可窺知當時婦女之悲慘命運。

　　睡虎地秦墓竹簡《日書》中，有許多關於婦女被棄之記載，亦可反映出當時社會離婚風氣盛行的旁證。其中有所謂：

　　　　取妻，妻妒；……取妻，妻悍；……取妻，妻多舌；……取妻，妻不寧；……取妻，必棄。〔註139〕

似乎都和婦女之被出有關。由此可見，雖然丈夫對婦女之被出，擁有極大的決定權，且婦女之被出在當時也是司空見慣的。然而，即使是夫家，亦忌諱妻子之被出，因此在婚期的選擇上，才會有如此多的禁忌規定出現。

〔註136〕清・王先慎，《韓非子集解・卷七・說林上》（《無求備齋韓非子集成〔22〕》），頁294。
〔註137〕賴炎元註譯，《韓詩外傳今註今譯・卷九》，頁382。
〔註138〕《孔叢子・卷二・居衛》（《四部叢刊正編〔17〕》），頁22。
〔註139〕《睡虎地秦墓竹簡・日書甲種・星》，頁191～192。

三、親戚間的禁忌

以社會學的觀點來說，家庭是構成社會的最基本單位，其穩固性直接影響到社會的安定。因此，在家庭成員之間，在親戚交往中，禁忌對調整人與人之間的關係，也同樣有著相當重要的作用。

春秋、戰國時代家族中最重要的禁忌規範，莫過於親戚之間的亂倫禁忌。在檢索文獻記載之後，不難發現當時的亂倫禁忌，可說是涵蓋於整個家族中的成員。

首先是翁媳之間的禁忌。《莊子・寓言》中即規定：

> 親父不爲子媒。

便是爲了避免媳婦爲父親所奪。若是有父奪子妻的情事發生，則爲人們所不恥。例如《毛詩序》云：

> 新臺，刺衛宣公也。納伋之妻，作新臺于河上而要之。國人惡之，
> 而作是詩也。〔註140〕

即是因衛宣公娶了與他兒子伋已經定親的宣姜，人們便作詩諷刺他。

其次，子與諸母之間也有所禁忌。《禮記・曲禮上》云：

> 諸母不漱裳。

即規定父之妾不能爲父之子洗浣內褲。這是受接觸律的影響，怕因此而產生亂倫的念頭。〔註141〕

再者，叔嫂之間的亂倫禁忌，也有所規定。例如，《禮記・曲禮上》云：

> 嫂叔不通問。

《禮記・雜記下》亦云：

> 嫂不撫叔，叔不撫嫂。

甚至規定「嫂叔無服」，〔註142〕即使是叔或嫂去世，對方亦不能爲其服喪，以免在過於哀傷的情況下，造成他人猜忌雙方有著曖昧的關係。

此外，對兄弟姊妹間的來往，也有許多限制。例如，《禮記・曲禮上》云：

> 男女不雜坐，不同椸枷，不同巾櫛，不親授。……女子許嫁纓，非
> 有大故，不入其門。姑姊妹，女子子，已嫁而反，兄弟弗與同席而

〔註140〕見《十三經注疏〔2〕詩經・邶風・新臺》，頁105。

〔註141〕趙建偉，《人世的“禁區”──中國古代禁忌風俗》，頁66。

〔註142〕《十三經注疏〔5〕禮記・檀弓上》：「嫂叔之無服也，蓋推而遠之也。」（頁144）

坐，弗與同器而食。

這些也是爲避免兄弟姊妹之亂倫，所設的禁忌規定。

「睹貌而相悅者，人之情也」，〔註143〕家族中之成員由於平日相處時間較長，關係較密切，因此發生彼此曖昧情事之機率也相對增高。所以，對家族成員設下種種之禁忌規定，把家庭成員的言行約束在一定範圍內，以保障家庭的和諧局面，並進而間接地穩定社會之秩序；避免因家族成員之亂倫，而引起內部秩序的不和諧，造成父子相殘，〔註144〕甚至兩國交惡〔註145〕的情形發生。因此，家族成員之間亂倫禁忌的設置，是絕對有其必要。

四、寡婦的禁忌

中國民間向來視寡婦爲不祥，認爲她具有剋夫之命。因此，對寡婦有所忌諱。而這種觀念，至少在春秋、戰國時代便已出現了。

首先是在選擇婚嫁的對象時，由於寡婦是曾經死過丈夫的女子，因此，在擇偶時對寡婦則心存忌諱。例如，《左傳・昭公二十八年》云：

　　初，叔向欲娶申公巫臣氏，……其母曰：「子靈之妻，殺三夫、一君、

　　一子，而亡一國、兩卿矣，可無懲乎？……。」叔向懼，不敢娶。

叔向之母反對叔向娶申公巫臣之寡妻夏姬的理由，主要便是因爲夏姬曾先後嫁給子蠻、御叔及巫臣爲妻，而此三人皆死；除此之外，夏姬甚至造成一君、一子、兩卿及一國之滅亡。因此，叔向也因此懼怕會得到同樣之惡果，而不敢娶夏姬爲妻。由此，便可看出當時人們對於寡婦之忌諱。

除此之外，先秦典籍中，亦可找出相同的記載。例如，《墨子・節葬下》即云：

　　昔者越之東有輆沐之國者，……其大父死，負其大母而棄之，曰：「鬼

　　妻，不可與居處。」此上以爲政，下以爲俗。〔註146〕

所謂「鬼妻」，便是指寡婦。雖然此一風俗，非中原各國的習俗，但對寡婦的忌諱，則和中原諸國是相同的。

〔註143〕語出《戰國策・齊策三・孟嘗君舍人章》孟嘗君之言。
〔註144〕例如《左傳・襄公三十年》：「蔡景侯爲大子般娶於楚，通焉。大子弒景侯。」
〔註145〕例如《左傳・桓公十八年》：「（魯桓）公會齊侯于濼，遂及文姜如齊。齊侯通焉。公謫之。以告。夏四月丙子，享公。使公子彭生乘公，公薨于車。」
〔註146〕張純一，《墨子集解・卷六・節葬下》（《無求備齋墨子集成〔23〕》），頁247～248。

　　除此之外，人們因對寡婦之禁忌，甚至連帶影響到對她兒子的觀感。例如，《禮記・曲禮上》云：

　　　　寡婦之子，非有見焉，弗與爲友。

而《禮記・坊記》亦載：

　　　　子云：「寡婦之子，不有見焉，則弗與友也。」

認爲寡婦的兒子若是沒有爲人稱道之品性或才能，則不願與之爲友。由此可見人們對寡婦忌諱之深。

　　凡此種種對寡婦的特殊待遇及歧視，均足以證明春秋、戰國時代早已存在著對寡婦之禁忌。所以，睡虎地秦墓竹簡《日書》中規定：

　　　　毋以戊亥家（嫁）子、取婦，是謂相。〔註147〕

以及：

　　　　正月、七月朔日，以出母（女）、取婦，夫妻必有死者。〔註148〕

即是在婚期之擇日上，便早已預做防範，以免婦女因死了丈夫而成爲孀婦，變成人們所禁忌的對象。

小　結

　　人類爲了求種姓之繁衍，通常採用兩種方式。其一，是透過對食物的攝取，以謀求自身生命之維持；其二，則是經由男女兩性之結合，以創造後代子嗣之延續。《禮記・禮運》：

　　　　飲食男女，人之大欲存焉。

以及《孟子・告子上》：

　　　　食、色，性也。

所說的正是此一道理。

　　當男女兩性關係，從原始雜交的狀態，逐漸產生婚姻制度，其間因不同的社會歷史條件，婚姻的形態也有著種種的演變和進化。然而，無可置疑的，婚姻制度建立之後，它即成爲男女兩性關係及繁衍子孫唯一的合法途徑。

　　婚姻在生命禮俗當中，是一項極爲重要的大禮。它不但標示著一個人進入了建立家庭、發展家族的重要階段；並且，也代表著個人即將擔負起人種

〔註147〕《睡虎地秦墓竹簡・日書甲種・作女子》，頁 207。
〔註148〕《睡虎地秦墓竹簡・日書乙種》，頁 241。

繁衍的重責大任。因此，中國傳統觀念裡，總是將婚姻視爲一個人的「終身大事」。《中庸》即云：

> 君子之道造端乎夫婦，及其至也，察乎天地。〔註149〕

便可看出古人對於婚姻之重視程度。

由於婚姻對人具有如此重要的地位，人們長期以來對男女兩性之婚配，始終抱持著極爲嚴肅、認眞的態度來面對它。因此，無論是在男女雙方之交往、選擇對象、確定婚期、舉行婚禮，乃至於婚後夫妻的性生活，都充斥著許許多多、各式各樣的禁忌，以企盼美好願望的實現和防止不幸事故的發生。

先前對於春秋、戰國時代婚姻禮俗中的各種禁忌，曾經加以敘述及討論。從這些禁忌事象裡，大致上可將這些禁忌，歸納出以下三種目的：

（1）繁衍子孫

「不孝有三，無後爲大」，繁衍子孫可說是男女婚配之最大目的。因此，婚姻並非只在於滿足男女之私慾，它始終被視爲傳宗接代的一種手段，目的是爲了家族的擴大與延續。所以，從合婚、擇日，到婚後夫妻交合的種種禁忌，許多都與祈求子孫之繁衍有關；至於婦女久婚未孕，則有可能遭到休棄之命運。

（2）祭祀祖先

娶妻以奉粢盛，也是婚姻的重要目的之一。因此，新婦入門必先行廟見之禮，以便取得祖先之認可。若是婦女有惡疾，無法入宗廟、奉祭祀，則在合婚之時即不予以考慮；即使是娶入夫家，也是違犯了「七出」之條，隨時有遭遺棄的可能。

（3）維持良好的社會秩序

家庭是構成社會的基本單位，而婚姻則是男女組織家庭的基礎。因此，婚姻之穩固與否，對社會秩序之良窳有極重大的影響。所以，從「男女有別」、「五不娶」、「同姓不婚」，到婚後親戚關係間之禁忌，許多規定的目的即在於維持良好的社會秩序，以免發生不必要之紛爭。

總而言之，男婚女嫁固然是個人的終身大事。但就家族而言，它也是上承祖先香煙，下續子孫瓜瓞的關鍵。睡虎地秦墓竹簡《日書》中，每每將取妻嫁女與生子、祭祠相提並論，例如：

〔註149〕《十三經注疏〔5〕禮記》，頁882。

> 箕，不可祠；……取妻，妻多舌；生子，貧富半。斗，利祠……吉；
> 取妻，妻爲巫；生子，不盈三歲死。〔註150〕

即可見婚姻與生育、祭祀有極密切的關係。

　　除此之外，就社會而言，婚姻也是維繫良好人際關係、鞏固社會秩序的手段。因此，在禮壞樂崩，宗法制度瓦解的春秋、戰國時代，也無怪乎人們會大力提倡婚姻之重要了。

　　正如《禮記・昏義》所云：

> 昏禮者，將合二姓之好，上以事宗廟，而下以繼後世也。

婚姻對個人，乃至於整個家族、社會，既然是如此的重要。因此，人們在婚禮的過程中加入許許多多的限制，以達到趨吉避凶、維繫社會秩序的各種目的，是絕對有其必要的。

〔註150〕《睡虎地秦墓竹簡・日書甲種・星》，頁191～192。

第五章 春秋、戰國時代之喪葬禁忌

引 言

　　喪葬儀禮，是人生最後一項「通過儀禮」，也是最後一項「脫離儀式」。如果說誕生儀禮是接納一個人進入社會的象徵，喪葬儀禮則代表一個人的脫離社會，它標示著人生旅途之終結。〔註1〕

　　在原始先民時期，靈魂崇拜未出現之前，人們是將死者屍體棄置野外，不聞不問的。例如，《周易・離》云：

　　　　九四：突如其來如、焚如、死如、棄如。

而《孟子・滕文公上》亦云：

　　　　蓋上世嘗有不葬其親者。其親死，則舉而委之於壑。

這些都是對於喪葬制度興起之前，人們處理死者屍體方式的追述。

　　然而，當靈魂崇拜出現之後，人們對於死者屍體的處理方式，則開始有所改變。人們由於畏懼死者靈魂之作祟，於是採取了各種方式處理屍體，喪葬制度於焉出現。

　　目前世界上最早的喪葬遺跡，是在歐洲發現的。在德國杜賽爾多夫尼安德特河區域附近洞穴中，發現生存於舊石器時代晚期的「尼安德特人」，他們的遺骸，通常是以頭東腳西的方式安置的，其周圍還經常散布著紅色的碎片；而且，在他們的屍骨旁尚堆放著燧石、石英塊以及野牛和馴鹿的骨骸，這些現象均說明當時已有埋葬死者之習俗。至於，中國境內最早的喪葬遺址，則

是在「山頂洞人」的遺跡中發現的。在「山頂洞人」的屍骨旁，除了周圍常用含有赤鐵礦成份的紅色粉末撒成圓圈外，也放置有隨葬的石器。這些刻意處理死者屍體的方式，都在在地說明喪葬制度的出現。〔註2〕

列維‧布留爾於《原始思維》一書中，曾有以下之論述。他說：

> 對原始人來說，沒有不可逾越的深淵把死人與活人隔開。相反的，
> 活人經常與死人接觸，死人能夠使活人得福或受禍。〔註3〕

他並且認為：

> 對於剛死的人尤其有必要盡到風俗所規定的義務，因為他們一般都
> 是心懷惡意而且存心讓活人遭殃的。……鬼對活人的意圖永遠是邪
> 惡的，人們害怕他來拜訪。……鬼的凶惡影響可以成百種不同的形
> 式表現出來。活人特別害怕它力圖把他們中的一個或幾個人帶
> 走；……因此，如果對剛死的人的葬禮不是按照應有的那樣舉行的，
> 死者是能夠懲罰整個部族的。〔註4〕

由此可見人們對死者鬼魂之畏懼，故產生種種的喪葬禮俗。而這種對死者亡靈的恐懼感，即使是到了文明社會，仍然普遍存在於一般大眾的心中；人們對死亡與鬼魂，仍有所畏忌。

因此，雖然生、老、病、死是人生必經階段，一個人從出生開始，即預告著他的死亡。即如《呂氏春秋‧孟冬紀‧節喪》中所說的：

> 凡生於天地之間，其必有死，所不免也。〔註5〕

死亡對每一個人來說都是在所難免的。然而，由於人們對於死亡以及鬼魂充滿著恐懼感，因此便發展出種種避忌的方法。對活人而言，人們創造出各種巫術，以防止死亡，醫學便是在這種情形下發展出來的；對死者而言，則是發展出各式各樣的喪葬習俗，以取悅並防止亡靈對生人作祟。所以，不論人們與死者生前的關係如何，死亡本身總是帶有一種凶厄不祥的意義。在整個喪葬習俗過程當中，人們的心理也一直是處於禁忌狀態下，以防止危險與災難之侵擾。

由於人們對於死亡的恐懼，以及對於死者鬼魂之害怕，於是在整個喪葬

〔註2〕 參見吳寶良、馬飛，《中國民間禁忌與傳說》，頁12，以及周蘇平，《中國古代喪葬習俗》，頁1～2。

〔註3〕 〔法〕列維‧布留爾著，丁由譯，《原始思維》，頁294。

〔註4〕 同前註，頁384～386。

〔註5〕 陳奇猷，《呂氏春秋校釋》，頁524。

禮俗中，便充斥著各式各樣的禁忌事象，以便趨吉避凶。因此，本章的目的，即在透過文獻記載與考古新發掘之資料，探討春秋、戰國時代喪葬禮俗中之禁忌。藉此希望對當時社會風俗情況，以及人們之心理狀態，能有更深一層的認識。

第一節　死亡前之禁忌

《呂氏春秋・孟冬紀・節喪》云：

> 凡生于天地之間，其必有死，所不免也。

一個人打從出生開始，就預告著他終歸死亡。因此，在中國傳統觀念裡，一直將死亡看做是人一生中最後的歸宿。例如，《淮南子・精神訓》即云：

> 生，寄也；死，歸也。〔註6〕

而東漢許慎於《說文解字》中亦云：

> 鬼，人所歸爲鬼。〔註7〕

既然認爲死亡爲人的終結歸宿，因此中國傳統觀念裡，「死生有命，富貴在天」的生死觀，佔有極重要的地位。

雖然，人們認爲死亡是人生的歸宿，而死也早是命中注定。但是，人們在面對死亡時仍抱持著恐懼感，因而造成人們對於死亡，以及所有和死亡相關連的事物，均極爲忌諱，避之唯恐不及。因此，在人們日常生活中，便產生了許許多多與死亡有關的禁忌。

一、對死亡的忌諱

舉凡人事上的一切災厄，諸如貧窮、疾病、饑饉、刀兵、牢獄、折磨等，皆屬凶事；而凶事之最，莫過於死亡，死亡可說是一切災難的總結。因此，人們便將死亡視爲最大的恐懼，以及最大的禁忌。〔註8〕

春秋、戰國時代，人們對於死亡的忌諱，首先即表現在對死後世界之恐懼上。

人們對於死後世界，可說是完全無知。有關死後世界之描繪，事實上均

〔註6〕漢・劉安著，漢・高誘注，《淮南子注》，頁106。

〔註7〕漢・許慎著，清・段玉裁注，《說文解字注・九篇上・鬼部》，頁434。

〔註8〕林明峪，《臺灣民間禁忌》，頁281。

出於生人之臆想。由於無知，因此對於全然陌生的環境產生恐懼感，是可以理解的。而由這些對死後世界的觀感，也可察覺出人們對於死亡之忌諱。

春秋、戰國時代人們對於死後世界之印象，可以《楚辭》中的敘述為代表。在《楚辭》中可以明確地看出，當時已有天堂地獄的觀念。〈招魂〉中云：

> 魂兮歸來，君無上天些！虎豹九關，啄害下人些。……魂兮歸來，
> 君無下此幽都些！土伯九約，其角譻譻些。敦脄血拇，逐人駓駓些。
> 參目虎首，其身若牛些。此皆甘人，歸來歸來，恐自遺災些。〔註9〕

其中將死後世界，無論是天上或地獄，均形容成萬分險惡，像是一個吃人的世界。由這些對於死後世界凶險的描述，正象徵著人們對死亡之恐懼。

由於對死亡的恐懼，也連帶地產生凡是與死亡有關係的事物，均被人們視為禁忌。例如，《左傳·隱公元年》載：

> 秋七月，天王使宰咺來歸惠公、仲子之賵。緩，且仲子未死。

當時仲子尚未死亡，周天子即歸賵助其喪，這在當時是非常為人們所忌諱的。因此，《左傳》中即批評此一事件為「豫凶事，非禮也」；而仲子或許也因為如此，便於隔年去世。

此外，《晏子春秋·內篇·諫下第二》云：

> 景公獵休，坐地而食。晏子後至，左右滅葭而席。公不說，曰：「寡
> 人不席而坐地，二三子莫席，而子獨搴草而坐之，何也？」晏子對
> 曰：「臣聞介胄坐陳不席，獄訟不席，尸坐堂上不席，三者皆憂也，
> 故不敢以憂侍坐。」〔註10〕

古人席地而坐，若是不墊席子，則與憂愁之事相關，其中便包括了喪事在內。因此，日常生活中，若是跪坐時沒有席子之藉墊，也是為人所忌諱。這與《國語·楚語下》所載：

> 子西歎於朝，藍尹亹曰：「吾聞君子唯獨居思念前世之崇替，與哀殯
> 喪，於是歎，其餘則否。」〔註11〕

是相同例子，均是對於喪事的禁忌。

再者，如果夢見與死亡有關之景象，也會使人心中產生忌諱。例如，《左傳·成公十七年》云：

〔註9〕 蔣天樞校釋，《楚辭校釋》，頁 267～268。

〔註10〕 吳則虞，《晏子春秋集釋·內篇·諫下第二》，頁 119。

〔註11〕 《國語·楚語下·藍尹亹論吳將斃》，頁 578。

初，聲伯夢涉洹，或與己瓊瑰食之，泣而為瓊瑰盈其懷，從而歌之曰：「濟洹之水，贈我以瓊瑰。歸乎歸乎，瓊瑰盈吾懷乎！」懼不敢占也。還自鄭。壬申，至貍脤而占之曰：「余恐死，故不敢占也。今眾繁而從余三年矣，無傷也。」言之，之莫而卒。

春秋、戰國時代之喪禮，死者口中含珠、玉或貝都是當時的禮俗，而瓊瑰是次於玉之美石所製成的珠子，因此聲伯夢到自己食瓊瑰（玉珠），用當時迷信的說法，即代表聲伯將要死了。〔註12〕所以，聲伯對此一夢境非常之忌諱，甚至不敢卜問吉凶。而依《左傳》作者的看法，聲伯最後的死，仍與此一夢境有關。由此便可證明當時人對與死亡有關連的夢象，是如何地忌諱了。

由於人們忌諱碰到與死亡有任何瓜葛的事物，因此對於「死」這一名詞，也同樣有所禁忌。《禮記・曲禮上》云：

天子死曰崩，諸侯曰薨，大夫曰卒，士曰不祿，庶人曰死。

《左傳・隱公三年》亦有類似之記載。除了這些對「死」的不同稱呼外，在先秦典籍中亦可看見許多與「死」意義相同的詞彙，如「晏駕」、「捐館舍」、「塡溝壑」等均是。此外，《禮記・檀弓上》：

子貢聞之，曰：「泰山其頹，則吾將安仰？梁木其壞，哲人其萎，則吾將安放？夫子殆將病矣！」

以及《戰國策・楚策一》：

於是楚王游於雲夢，……仰天而笑曰：「樂矣！今日之游也。寡人萬歲千秋之後，誰與樂此矣？」〔註13〕

其中所謂「病」及「萬歲千秋後」，也均暗指死亡。

有些學者認為：

中國人對死的避諱，與世界各地對死的語言禁忌有共通的地方：有時是為了尊敬死者，有時是為了懷念死者，有時是為了讚美死者，有時只是為了避免提起這個可怕的神秘的字眼。〔註14〕

這種對「死」字的避諱，最初應起源於對死亡之忌諱，為了避免提到這一個名詞，所以才有各種同義詞的出現。

除了對「死」的忌諱外，春秋、戰國時代的人們對於「老」也有所禁忌，

〔註12〕參見李玉潔，《先秦喪葬制度研究》，頁106。

〔註13〕漢・劉向集錄，《戰國策・楚策一・江乙說於安陵君》，頁490。

〔註14〕李中生，《中國語言避諱習俗》，頁71。

不能直接說人年老。例如,《左傳‧哀公五年》載:

> 齊燕姬生子,不成而死。諸子鬻姒之子荼嬖,諸大夫恐其為大子也,
> 言於公曰:「君之齒長矣,未有大子,若之何?」

事實上,當時齊景公在位五十八年,年紀已老。然而,臣子僅說「君之齒長」,不敢直言君老。這是因為「老」往往與「死」相關連,由於對「死」之忌諱,故也連帶對「老」產生禁忌。

從以上之敘述及討論不難發現:由於人們對於死亡的畏懼,因而在日常生活中產生了許多禁忌,只要是與死亡有關的事物,均成為人們忌諱之對象。由這些禁忌,亦可驗證當時的人是如何地畏懼死亡。

二、對疾病的忌諱

在所有足以造成人們死亡的各種事件中,疾病無疑是最為人們所忌諱。在原始先民的心目中,「疾病永遠被看成是由一種看不見、觸摸不到的原因造成的,而且這原因是以許多各不相同的方式來被想像的」。〔註15〕由於造成疾病的原因是看不見又觸摸不到的;並且在醫學不發達的時代,疾病往往會造成病人之死亡。因此,人們由於畏懼死亡,故同樣對疾病產生禁忌心理。

在中國先秦時代,人們仍普遍認為疾病是由鬼神作祟所造成。嚴一萍於〈中國醫學起源攷略〉一文中即認為:殷人對疾病的認識,實已到了相當高深的階段,他們已經知道了疾病的原因和變化。但是,導致疾病的原因,主要仍是鬼神祟禍所引起的。〔註16〕

到了周代,人們對疾病的認識更加進展。例如,我們即可從《詩經》、《尚書》、《周易》等典籍中看到對熱病、昏迷、浮腫、順產、逆產、不孕等病症的記載。〔註17〕即使如此,在春秋、戰國時代,鬼神致病仍是疾病觀念中最主要的因素。例如,《左傳‧成公十年》載:

> 晉侯夢大厲,被髮及地,搏膺而踊,曰:「殺余孫,不義。余得請於
> 帝矣!」壞大門及寢門而入。公懼,入于室。又壞戶。公覺,⋯⋯
> 求醫于秦。秦伯使醫緩為之。未至,公夢疾為二豎子,曰:「彼,良

〔註15〕〔法〕列維‧布留爾著,丁由譯,《原始思維》,頁255。

〔註16〕參見嚴一萍,〈中國醫學起源攷略(上)(下)〉,《大陸雜誌》,二卷八期,頁20~22;二卷九期,頁14~17。

〔註17〕陳樂平,《出入「命門」──中國醫學文化學導論》,頁17。

醫也，懼傷我，焉逃之？」其一曰：「居肓之上，膏之下，若我何？」

醫至，曰：「疾不可爲也，在肓之上，膏之下，攻之不可，達之不及，

藥不至焉，不可爲也。」公曰：「良醫也。」厚爲之禮而歸之。

由晉景公之夢，亦可見當時的人仍相信疾患非導因於生理之違和，而是由於妖妄的作祟。〔註18〕

這種妖妄致疾的觀念，也可從《山海經》中找出許多例證。如，《山海經・東山經・東次四經》：

太山，……有獸焉。其狀如牛而白首，一目而蛇尾，其名曰蜚，行水則竭，行草則死，見則天下大疫。〔註19〕

以及《山海經・中山經・中次十經》：

復州之山，……有鳥焉。其狀如鴞，而一足彘尾，其名曰跂踵，見則其國大疫。〔註20〕

均是這類妖妄致疾的記載。《左傳・宣公十五年》載晉伯宗之言曰：

山藪藏疾。

當時人們認爲導致疾病的元凶便是藏身於山藪之中的厲鬼，而《山海經》中足以引起疾病之禽獸，正是這些厲鬼的化身。〔註21〕

此外，睡虎地秦墓竹簡《日書》中，關於神鬼致疾的例子，更是不勝枚舉。例如：

甲乙有疾，父母爲祟。……丙丁有疾，王父爲祟。……庚辛有疾，外鬼傷（殤）死爲祟。〔註22〕

由此可知，即使到了春秋、戰國時代，鬼神作祟仍是疾病觀中最主要的因素。

由於人們畏懼因疾病導致死亡，而疾病又是由鬼神作祟所引起。因此，人們爲了消除疾病，以免於病死，便想盡方法討好鬼神。其中最常用的方式，即是透過祭祀以取得鬼神之福祐。即使如鄭之子產，亦主張「山川之神，則水旱癘疫之災，於是乎禜之」。〔註23〕由人們勤於祭祀以求福祐等情形，亦可窺見人們對於疾病是如何地忌諱，避之唯恐不及。

〔註18〕 參見陳燧彬，《左傳中巫術之研究》，頁227。

〔註19〕 袁珂校注，《山海經校注》，頁116。

〔註20〕 同前註，頁162。

〔註21〕 參見〔日〕伊藤清司著，劉曄原譯，《山海經中的鬼神世界》，頁17～18。

〔註22〕 睡虎地秦墓竹簡整理小組編，《睡虎地秦墓竹簡・日書甲種・病》，頁193。

〔註23〕 楊伯峻，《春秋左傳注》，頁1219。

除了以祭祀，祈求免於疾病之苦外，如同對「死」字的忌諱，春秋、戰國時代同樣產生了許多「疾病」的同義詞，以免因提及「疾病」觸了霉頭而導致死亡。《公羊傳‧桓公十六年》何休《注》云：

> 天子有疾稱不豫，諸侯稱負茲，大夫稱犬馬，士稱負薪。〔註24〕

《孟子‧公孫丑下》亦云：

> 王使人問疾醫來，孟仲子對曰：「昔者有王命，有采薪之憂，不能造朝。今病小愈，趨造於朝，我不識能至否乎？」

所謂「不豫」、「負茲」、「犬馬」、「負薪」以及「采薪之憂」，均是對疾病之避諱所產生的同義詞。其中雖因患者等級地位而有不同之措辭，但是，其目的主要仍在於避免直接稱呼「疾病」二字，以免造成病人之死亡。

從人們畏於鬼神作祟而引起疾病，故對鬼神施以祭祀，到對「疾病」一詞的避諱所產生的種種同義詞，均足以證明春秋、戰國時代人們因畏懼死亡，所以對於死亡的主因——疾病，也同樣產生了忌諱。

三、死得其所

人們畏懼死亡，也不願死亡，但是人到底難免一死。因此，人總是要面對死亡。

春秋、戰國時代，當人面對死亡之時，首先即要求能夠死得其所，即應該於適當的場所死亡。《禮記‧喪大記》云：

> 疾病，……寢東首於北牖下。……君、夫人卒於路寢；大夫、世婦卒於適室，內子未命，則死於下室，遷尸于寢；士之妻皆死于寢。

鄭玄對此解釋說：

> 言死者必皆於正處也。寢、室通耳。……君謂之路寢，大夫謂之適寢，士或謂之適室。〔註25〕

也就是說雖然正寢由於階級的不同，而有不同之稱呼，但是從諸侯到大夫、士及他們的夫人，死亡時都應該在他們的適室，才算是死得其所。

除此之外，《春秋‧莊公三十二年》：

> 八月癸亥，公薨于路寢。

楊伯峻氏對此注云：

〔註24〕《十三經注疏〔7〕公羊傳》，頁67。
〔註25〕《十三經注疏〔5〕禮記》，頁761。

> 古者天子有六寢，正寢一，燕寢五；諸侯有三寢，正寢一，燕寢二。
> 正寢一曰路寢，一曰大寢；燕寢一曰小寢。平日居燕寢，齋戒及疾
> 病則居路寢。〔註26〕

可見天子也有正寢。至於庶人方面，《禮記・內則》云：

> 庶人無側室者，及月辰，夫出居群室。

這是庶人在沒有側室的情況下，才須出居群室。可以想見庶人一般也是有正
室、側室之分的。

由此，可以推測，春秋、戰國時代，上自天子，下迄庶民，無論是那一
階級，只有死於正寢才能算是死得其所。

《左傳・哀公二年》云：

> 簡子巡列，曰：「畢萬，匹夫也，七戰皆獲，有馬百乘，死於牖下。
> 群子勉之！死不在寇。」

楊伯峻對此解釋說：

> 死于牖下，謂得善終。〔註27〕

對照前引《禮記・喪大記》之記載，所謂「死于牖下」，應該即是「死于正寢
之北牖之下」。而楊氏稱此為「得善終」，可見在當時人的觀念中，是希望死
於正寢，得以善終的。

李玄伯認為：

> 我以為至少西周初年，甚至於東周初年，路寢就是宗廟的堂，並非
> 單有路寢。後來生活複雜，或者漸另立路寢，但最初宗廟的堂與路
> 寢並非兩種。所以王時常住在廟裡（住在路寢），並且應當住在那裡。
>
> 〔註28〕

春秋、戰國時代王是否應該常居路寢，仍有待商榷。但是，路寢與宗廟有關，
則對解釋何以死於正寢才算是善終，有極大的啟發作用。

宗廟是用以祭祀祖先神靈的地方，而古人認為人死後靈魂當回歸到祖先
神靈之所在，故人們視死於宗廟為善終，是可以理解的。雖然，後來路寢與
宗廟分離，但是這種觀念仍深植人心。因此，仍然認為人應死於正寢，才算

〔註26〕 楊伯峻，《春秋左傳注》，頁250。
〔註27〕 同前註，頁1616。
〔註28〕 李玄伯，〈希臘羅馬古代社會研究序〉，收錄於氏著《中國古代社會新研》，頁
　　　　30。

是死得其所，得以善終。

此外，《左傳·僖公八年》載：

> 凡夫人，不薨于寢，不殯于廟，不祔于姑，則弗致也。

而《左傳·僖公三十三年》：

> 冬，公如齊朝且弔有狄師也。反，薨于小寢，即安也。

杜預《注》云：

> 小寢，夫人寢也。譏公就所安，不終于路寢。〔註29〕

可以窺知，若非死於正寢，則祭祀時禮節即有所差別；而且，甚至會遭到恥笑。由此亦可看出當時是如何地重視此一「死得其所」的禁忌。

四、全屍的禁忌

春秋、戰國時代，人們在死亡前即表現出對死亡與疾病的忌諱，以及遵守「死得其所」的禁忌外，尚有一項禁忌也是值得注意的，那就是人們在希望死時能夠保有全屍的觀念。

《孝經·開宗明義章》即云：

> 身體髮膚，受之父母，不敢毀傷，孝之始也。

唐玄宗注云：

> 父母全而生之，己當全而歸之，故不敢毀傷。〔註30〕

所謂「全而歸之」，即指自己死的時候，應該保持身體髮膚之完整，以見父母於九泉之下。這種臨終前需保有身體髮膚之完整，即我們所謂「全屍的禁忌」。

《論語·泰伯》云：

> 曾子有疾，召門人弟子曰：「啓予足！啓予手！《詩》云：『戰戰兢兢，如臨深淵，如履薄冰。』而今而後，吾知免乎。小子！」

邢昺對此解釋說：

> 《正義》曰：「此章言曾子之孝，不敢毀傷也。」……曾子以爲受身體於父母，不敢毀傷。故有疾恐死，召其門弟子使開衾而視之，以明無毀傷也。……戰戰，恐懼；兢兢，戒慎；臨深，恐墜；履薄，恐陷。曾子言此詩者，喻己常戒慎，恐有所毀傷也。〔註31〕

〔註29〕杜預，《春秋經傳集解》，頁314。
〔註30〕《十三經注疏〔8〕孝經》，頁11。
〔註31〕《十三經注疏〔8〕論語》，頁70。

可見對於保持身體髮膚之完整，以免無顏面對父母於九泉之下，也是極爲重要的禁忌事項。

王充於《論衡‧四諱篇》曾云：

> 諱被刑爲徒，不上丘墓。……實説其意，徒不上丘墓有二義，……徒用心以爲先祖全而生之，子孫亦當全而歸之。……孝者怕入刑辟，刻畫身體，毀傷髮膚，少德泊行，不戒愼之所致也。愧負刑辱，深自刻責，故不升墓祀於先。古禮廟祭，今俗墓祀，故不升墓，慚負先人。一義也。墓者，鬼神所在，祭祀之處。祭祀之禮，齊戒潔清，重之至也。今已被刑，刑殘之人，不宜與祭供侍先人，卑謙謹敬，退讓自賤之意也。緣先祖之意，見子孫被刑，惻怛憯傷，恐其臨祀，不忍歆享，故不上墓。二義也。〔註32〕

無論刑徒不上丘墓的原因爲何，其起源無可置疑的是來自「身體髮膚，受之父母，不可毀傷」的觀念；由此亦可窺見這種思想對喪葬禁忌之深遠影響。

第二節　喪禮及葬禮期間之禁忌

在靈魂崇拜觀念興起之前，人們是將死者屍體棄置於荒野，不聞不問的。例如，《周易‧繫辭下》即云：

> 古之葬者，厚衣之以薪，葬之中野，不封不樹，喪期无數。

然而，自從靈魂觀念產生之後，對於死者屍體的處理方式，即有了重大改變。人們相信人死之後仍有靈魂存在，靈魂雖能保佑生者，但亦可作祟於人。因此，便產生出種種喪葬禮俗，一方面討好死者，以求取福佑；另一方面則是防止死者亡靈之作祟，以免危害生人。於是，在這種畏懼心理之驅使下，喪葬禮俗的過程中，便出現各式各樣的禁忌。

譬如以山頂洞人遺址、仰韶文化以及安陽殷墟三者爲例，它們在時間上雖有前後的不同，但是在它們的喪葬遺址中都有一共通點，就是在死者的屍體或周圍均有塗朱的現象。〔註33〕有些學者認爲此是以紅色代表血液，而血在原始人眼中是構成生命的主要原素，故這種葬俗的目的，是希望死者能不

〔註32〕黃暉，《論衡校釋》，頁970～972。
〔註33〕參見宋德胤，《孕趣──生育習俗探微》，頁61，李濟，〈俯身葬〉（收錄於氏著《李濟考古學論文集》），頁91，以及李玉潔，《先秦喪葬制度研究》，頁35。

斷從其中獲取再生的力量，早日復活於人間。〔註34〕此外，這種葬俗可能還是來自對血的禁忌，是希望以象徵血液的紅色，限制死者靈魂之活動，以免危害到生人；即使其中確實含有使死者新生的力量，但是其目的仍應在於使死者回歸陰間，等待下次的轉生，不要逗留人間，造成生者的恐懼。可見，這種葬俗是含有禁忌色彩。

　　懼怕死者靈魂作祟的觀念，可說是喪葬禮俗中所有禁忌的根本來源。而這種恐懼的心理，即使是到了春秋、戰國時代，仍是深植於一般大眾的心中。因此，在喪葬儀式中便規定著種種的禁忌，要求人們遵守奉行；若不遵從，則必遭受禍害。例如，《左傳・襄公三十一年》載：

> 冬十月，滕成公來會葬，惰而多涕。子服惠伯曰：「滕君將死矣！怠於其位，而哀已甚，兆於死所矣，能無從乎？」

滕成公在喪禮時「惰而多涕」，顯然是違反了當時葬禮中的禁忌。因此，子服惠伯即以滕成公此二無禮的行止，為其將死的徵兆，而滕成公果於兩年之後死亡，可見子服惠伯之言得到了應驗。以《左傳》之觀點而論，滕成公之死顯然是因違犯了葬禮之禁忌，激怒了死者，故為亡靈作祟而使滕成公身亡。由此亦可推測，當時人們在喪葬期間，大多都極為小心地遵守各種禁忌規定，以免受到死者之作祟而遭殃。

　　喪葬之禮，包括了從人初死的喪儀到埋葬時的葬禮，以及喪服制度和埋葬之後對死者的種種祭祀之禮。本節討論的範圍，即以喪禮和葬禮過程中的種種禁忌事象為主。希望藉此能對當時之喪葬習俗以及人們的心理，有更深一層的認識。

一、喪禮中的禁忌

　　春秋、戰國時代，喪葬之禮變得日趨複雜。其中喪禮主要是指從死者初死至埋葬前等過程中，活著的人對死者所施行的各種禮節、儀式與祭奠。大致上可將當時之喪禮分為六大儀式：招魂、小斂、大斂、殯、朝夕哭以及卜筮葬地和葬日。〔註35〕

　　此一小節所要探討的，主要是指招魂、小斂、大斂、殯、朝夕哭等儀式，

〔註34〕參見王震中，〈東山嘴原始祭壇與中國古代的社崇拜〉，《先秦、秦漢史》，1989年第一期，頁32。

〔註35〕參見李玉潔，《先秦喪葬制度研究》，頁98。

而將卜筮葬地、葬日納入葬禮之範圍。至於討論之內容，大致上是以各種儀式中的禁忌爲對象。有關各種喪儀的細節，則可參考三《禮》、《墨子》以及《楚辭》等典籍中之記載，在此不予以詳細敘述。

（一）招　魂

在春秋、戰國時代，爲死者招魂又稱之爲「復禮」，即通過一些方法使死者的靈魂復返其身的儀式。〔註36〕

《禮記・喪大記》云：

> 疾病，……寢東首於北牖下，廢床、徹褻衣加新衣體一人，男女改服，屬纊以俟絕氣。

即當病人臨終前，要將其安放於正室北窗之下，並以新綿置其口鼻之上。若是確定病人業已斷氣，便開始實施招魂儀式。

錢穆曾言：

> 《易・繫辭》：「精氣爲物，游魂爲變。」《戴記・郊特牲》謂：「魂氣歸於天，形魄歸於地。」如是言之，則人之既死，魂魄解散，體魄入土而魂氣則游揚空中無所不屬也。〔註37〕

由於古人認爲人死後，靈魂會與肉體脫離，四處游蕩，因此就需要將其靈魂招回，以免靈魂危害生人。

關於招魂的儀式，《禮記》與《儀禮》中均有所記載。《禮記・禮運》云：

> 及其死也，升屋而號，告曰：「皋！某復。」

《儀禮・士喪禮》亦云：

> 死于適室，幠用斂衾。復者一人以爵弁服簪裳于衣，左何之，扱領于帶。升自前東榮中屋，北面招以衣，曰「皋！某復」三，降衣于前，受用篋，升自阼階以衣尸。復者降自西榮。

以上是屬於貴族階層的。至於民間則另有一套的招魂儀式。《墨子・非儒》云：

> 其親死，列尸弗斂，登屋、窺井、挑鼠穴、探滌器，而求其人矣，以爲實在。〔註38〕

〔註36〕參見李炳海，〈中國上古時期的招魂儀式〉，《世界宗教研究》，1989年第一期，頁107。

〔註37〕錢穆，〈論古代對鬼魂及葬祭之觀念〉，《責善半月刊》，第二卷第二十期，頁994。

〔註38〕張純一，《墨子集解・卷九・非儒下》，頁355。（《無求備齋墨子集成〔23〕》）

由此可見，雖然招魂的儀式有雅俗之別，但是招魂的習俗是普遍存在於社會中之各個階層。

招魂的目的當然是爲了不忍親人過世，希望將其靈魂招回而使死者復生。然而，弗雷澤在《金枝》一書中，曾說：

> 尼亞斯人害怕新亡人的靈魂，他們檢查呼吸，驗證死亡，堵塞死者的鼻孔，綁住死者的上下顎，想法使其飄游的靈魂仍舊寄居於塵世的軀殼之内。〔註39〕

若是對照中國古代文獻在招魂之前，以「纊」檢驗病人是否眞的死亡，以及行小斂時用「掩」裹住屍體頭部、用新綿做成的「瑱」塞住死者之耳朵，以及用「幎目」覆蓋死者臉部的種種方式。可以看出招魂最初的用意，可能仍在於懼怕死者之靈魂，故將其招回，並限制其活動範圍，以免四處游蕩的靈魂作祟於生人。

由此可見，「招魂」是因畏懼鬼魂作祟而產生的喪禮儀式。至於所謂「盡愛之道」，則是後來才興起的。

除此之外，《禮記‧曲禮上》云：

> 鄰有喪，舂不相。

有學者認爲也是因招魂所引發的禁忌。由於舂米亦是招魂的一種方式，那麼若是舂米則可能使鄰居之亡魂誤入己家。人們出於保護自我的動機，於是「鄰有喪，舂不相」也就成爲人們所禁忌的事項之一。〔註40〕此一說法，亦可做爲參考。

（二）斂

所謂「斂」，即親人爲死者屍體著衣的過程。又分爲「小斂」、「大斂」。

有關「斂」之詳細情形，可以參考《儀禮‧士喪禮》中的記載：

> 主人襲，反位。商祝掩、瑱、設幎目，乃屨，綦結于跗，連約。乃襲，三稱。……設握，乃連擊。設冒，櫜之。……厥明，陳衣于房。……絞橫三，縮一，廣終幅，析其末。……凡十有九稱，……不必盡用。

即在著襲衣之前，先由商祝爲死者設「掩」、「瑱」、「幎目」以及將有約的屨穿在死者之足上，並用組帶穿過屨上之約，使兩足不相分離。之後，才由喪主爲屍體襲服三套。而這三套衣服，據鄭玄《注》云：

〔註39〕弗雷澤著，汪培基譯，《金枝》，頁278。
〔註40〕參見趙建偉，《人世的"禁區"——中國古代禁忌風俗》，頁76～78。

凡衣死者，左衽不紐。〔註41〕

和一般生人所穿之右衽有紐之衣服有所不同。其後，再由商祝將「握」置於死者手中，並用「握」上之組帶把死者之手腕束縛起來。然後，再以「冒」將屍首套起。至此，「小斂」完成。隔天，再用十九套的衣衾（不一定全用盡），將死者之屍體層層包裹。最後並以布絞橫三縮一的將屍體和斂衣牢牢地綑綁起來。如此一來，「大斂」便大致完畢。

這些「斂」時對屍體的種種處理方式，很幸運地可以從考古發掘中得到充分的驗證。

1982 年於湖北江陵縣馬山所發現的一座年代約西元前 340 年至 278 年之間的小型土坑豎穴墓，由於墓葬保存良好，使我們對整個墓葬制度能有所瞭解。就其中與「斂」有關的喪葬制度而言：首先，屍體被十三層的衣衾所包裹著。除去衣衾包裹之後，可以看見死者「頭部覆蓋著一件梯形絹巾，上及額部，下至下顎。……人骨架的最外層套一件 E 形大菱形紋錦面綿袍。此袍原為右衽，穿著時將裡襟壓在外襟之上，成為左衽，無紐。雙臂伸直，置腹上。用組帶從袖外繞過，繫雙臂。雙手的拇指也被一根朱紅色組帶的兩端用套扣各自繫住；雙腳的拇指則被一根黃色組帶用相同的方法繫住；上下兩段組帶連繫於下腹處。手中各握有一件長條狀絹團，右手微彎，絹團置於掌中，用大拇指壓住；左手握絹團的姿勢與右手大致相似，只是中指套入繫住絹團的組帶中」。〔註42〕這些器物的形制，雖與〈士喪禮〉中之記載有些出入，但整體來說是相符或相近的。

然而，「斂」時為屍體所穿套的種種東西，究竟有何用途？

我們曾在「招魂」一節中認為：為死者設掩、瑱及幎目，有避免死者靈魂四處游蕩，作祟生人的目的。除此之外，尚秉和亦云：

《禮·雜記》：冒者，所以掩形也。《注》：掩尸形恐人惡之。按：冒者，蓋亦巾類而大于巾。覆尸全不露，故謂之冒。〔註43〕

可見為死者設冒，遮住死者之屍體，亦有防止生人因看見死者屍首而心生畏懼的作用。因此，以掩及幎目包裹並遮住死者之頭部與臉部，也應具有相同之功能。

〔註41〕《十三經注疏〔4〕儀禮》，頁 421。

〔註42〕湖北省荊州地區博物館，《江陵馬山一號楚墓》，頁 16～17。

〔註43〕尚秉和，《歷代社會風俗事物考》，頁 251。

至於，在死者手中設「握」，陳公柔認爲：

> 大約即是兩手交疊、用握（布帶）束縛起來，而束縛的地方約在掔
> 處，即是手掌後手腕的地方，使手交如生。〔註44〕

其實，用「握」將死者手腕束縛起來與用組帶穿過屨上之絇，使兩足不相分離作用相同。它們不是爲了使死者的姿勢和生前相似，而是希望以綑綁之方式，使死者靈魂限制在屍體之中，以免脫離出來對生人作祟。

此外，爲死者著衣時，要將斂衣一層一層地包裹住死者屍體，最後並以布絞把這些入斂的衣服緊束在一起。由這些對死者屍體加以綑綁之處理方式，亦可看出其中的作用仍是爲了防止靈魂的脫離，以及避免看見屍體之恐怖景象。

《禮記‧檀弓下》中云：

> 人死，斯惡之矣；無能也，斯倍之矣。是故制絞衾、設蔞翣，爲使
> 人勿惡也。

不正說明著「斂」中對屍體的種種處理過程，事實上均是由於對死者屍體及靈魂之恐懼所產生的禁忌。

（三）踊、括髮及袒

《儀禮‧士喪禮》云：

> 卒斂，徹帷。主人西面馮尸，踊無算。主婦東面馮，亦如之。主人
> 髺髮，袒；眾主人免于房；婦人髽于室。士舉，男女奉尸，侇于堂。
> 幠用夷衾。男女如室位，踊無算。

即小斂、大斂完畢之後，則撤去帷幕。主人在東邊，面向西，撫屍而踊；主婦在西邊，面向東，亦撫屍而踊。主人去掉笄、纚，散髮，而以麻將髮結起並肉袒，其他同宗之親屬則用免，即用麻布，自項中而交於額。在房中之婦人亦去笄、纚，將頭髮梳在頭頂的兩旁並用麻結起。之後，將屍體抬至堂上，即設於兩楹間的床第，仍用夷衾覆屍。主人、主婦與同宗親屬到室內自己的位置上哭踊無數。〔註45〕

古代遭喪，有擗踊之儀。擗猶椎胸，踊猶頓足。男踊女擗，表示哀痛之至。〔註46〕由此可見，所謂「踊」，即爲頓足，且時常與椎胸相配合。

〔註44〕陳公柔，〈士喪禮、既夕禮中所記載的喪葬制度〉，《考古學報》，1956年第四期。
〔註45〕參見李玉潔，《先秦喪葬制度研究》，頁110。
〔註46〕參見楊伯峻，《春秋左傳注》，頁779。

「括髮」，則爲去笄、纚，而以麻約髮。古人髮皆上挽，約之以笄。若是遭喪，則於小斂之後，除去笄、纚，散髮，並以麻將髮結起。至於「袒」，亦稱爲「肉袒」。古代之袒，無論吉凶，皆袒左。即解去左邊之外衣，露出內衣。「袒」也是哭喪時的儀式之一。

《禮記・檀弓下》云：

> 辟、踊，哀之至也。……袒、括髮，變也。……袒、括髮，去飾之甚也。

《禮記・問喪》亦云：

> 夫悲哀在中，故形變於外也。

可見，「踊」、「括髮」及「袒」，均表示對親人逝去的哀痛。

然而，據民俗學者之研究，「踊」、「括髮」以及「袒」，除了表示哀痛之意外，最初的用意仍應在於防止死者鬼魂之作祟。

首先，「括髮」的目的，便是希望披散的頭髮，能夠遮住自己的臉部，使鬼魂因無法辨識而不能作祟。這個目的可由行小斂、大斂後，將死者用種種方式包裹起來之後才括髮，可以看出其中的動機。而髮上所繫之麻繩，也有著避邪的作用，可防止鬼魂之作祟。〔註47〕此外，因爲鬼神害怕巫師，而巫師通常又以披頭散髮和頓足來做法。因此，「踊」及「括髮」，也同樣具有驅嚇死者鬼魂的作用。〔註48〕至於「袒」，則可以弗雷澤之調查爲例。他說：

> 住在東非努巴的濃密叢林，和肥沃山區的努巴人，相信他們如進入祭司王的住宅便會死亡。但是只要袒露左肩，求王將手按於其上，便可免罰。〔註49〕

亦可以看出「左袒」也是禳除災禍的一種手段。因此，在喪禮中「左袒」，其目的應在免除鬼魂之作祟。

由此可見，「踊」、「括髮」以及「袒」等儀式，除了表示親人過世之哀痛外，其中也含避忌死者鬼魂作祟的功能。

從以上喪期中包括「招魂」、「斂」以及「踊」、「括髮」、「袒」等各種儀禮看來，人們遵守這些規定的目的，除了用以表示喪親之痛外，事實上，這

〔註47〕參見趙建偉，《人世的“禁區”——中國古代禁忌風俗》，頁91〜92。

〔註48〕參見陳來生，《中國禁忌》，頁12。另《睡虎地秦墓竹簡・日書甲種・詰》中云：「人行而鬼當道以立，解髮奮以過之，則已矣。」亦可看出「披髮（解髮）」確實是具有驅鬼之功能。

〔註49〕弗雷澤著，汪培基譯，《金枝》，頁312。

些儀禮規定都是由於對死屍及鬼魂之禁忌而產生的。若以這種概念去觀察，必能更充分瞭解隱藏在這些儀式背後之實際內涵。

二、葬禮中的禁忌

當整個喪禮結束之後，緊接而來的就要進行葬禮的儀式。葬禮，也就是將死者屍體埋葬的禮節。它可說是整個喪葬禮俗中的高潮。

為了討好死者，免除他的作祟，以便使得生者能夠趨吉避凶，有關葬禮的禁忌也是極多、極細、並且極為慎重的。本小節的目的，便是希望藉由對春秋、戰國時代葬禮及其前後相關儀禮之討論，使我們對其中之禁忌事象，能有更深一層的認識。

（一）卜筮葬地及葬日

當殯禮行將屆滿之時，便需先對埋葬之地點與日期進行卜筮。《周禮·春官·大卜》云：

> 凡喪事，命龜。

鄭玄《注》云：

> 〈士喪禮〉則筮宅卜日，天子卜葬兆。

而賈公彥《疏》則云：

> 天子法，卜葬日與士同；其宅亦卜之，與士異。

可見天子無論宅、日，均用龜卜，而士僅葬日用卜，至於葬地則用筮法。然而，上自天子，下至士人，對葬地及葬日均十分地重視，需要靠卜筮的方法求得適當的埋葬地點與日期。

關於筮宅的詳細情形，《儀禮·士喪禮》中對其有所敘述：

> 筮宅，冢人營之。掘四隅，外其壤；掘中，南其壤。既朝哭，主人皆往兆南北面，免経。命筮者在主人之右，筮者東面抽上韇兼執之，南面受命。命曰：「哀子某為其父某甫筮宅，度茲幽宅兆基無有後艱。」筮人許諾，不述命。右還，北面指中封而筮。卦者在左，卒筮執卦以示命筮者，命筮者受視反之。東面旅占，卒進告于命。筮者與主人占之曰：「從！」主人経，哭不踊。若不從，筮擇如初儀。

此外，《呂氏春秋·孟冬紀·節喪》亦云：

葬不可不藏也，葬淺則狐狸扣之，深則及於水泉。故凡葬必於高陵
之上，以避狐狸之患，水泉之溼，此則善矣。〔註50〕

由〈士喪禮〉之「度茲幽宅兆基無有後艱」，以及《呂氏春秋》中的「避狐狸
之患，水泉之溼」，可見對葬地之選擇，最主要的目的便是希望墓地不要有所
損壞。因為，若是墓地受損，則死者或許不得安寧，則有可能為祟於生者。
因此，生者對葬地之選擇也極為小心，以免貽禍子孫。

中國人向來極為重視風水思想，在選擇墓地時，往往希望能夠將死者埋
葬於風水良好之地點上，以便造福後代子孫。《史記·樗里子甘茂列傳》云：

樗里子卒，葬于渭南章臺之東。曰：「後百歲，是當有天子之宮夾我
墓。」……至漢興，長樂宮在其東，未央宮在其西，武庫正直其墓。
〔註51〕

後世言陰宅風水者，每以樗里子為開山之祖，可見風水思想至遲於戰國時代
便已出現了。〔註52〕而這種透過鬼神的力量，以占卜來決定葬地的方式，雖
不一定能直接與後世之風水思想相聯繫，但是它對風水思想的興起，必定有
著極大的催化作用。

至於對埋葬日期之選擇，《儀禮·士喪禮》也有所記載：

卜日：既朝哭，皆復外位。卜人先奠龜于西墊上，南首。……族長
涖卜，及宗人吉服立于門西，東面。……宗人告事具，主人北面免
絰左擁之，涖卜，即位于門東西面。卜人抱龜、燋，先奠龜，西首，
燋在北。宗人受卜，……宗人還，少退受命。命曰：「哀子某，來日
某，卜葬其父某甫考降，無有近悔。

仍是透過神鬼之力量，以決定埋葬死者之日期。

除了〈士喪禮〉中對卜葬之儀式有所描述外，亦可從文獻記載與考古資
料中，看出春秋、戰國時代選擇葬日之禁忌。首先，顧炎武於《日知錄·卷
四·葬用柔日》中云：

春秋葬皆用柔日。宣公八年：冬十月己丑，葬我小君敬嬴，雨不克
葬。庚寅，日中而克葬。定公十五年：九月丁巳，葬我君定公，雨
不克葬；戊午，日下昃乃克葬。己丑、丁巳所卜之日也，遲而至於

〔註50〕陳奇猷，《呂氏春秋校釋》，頁525。
〔註51〕瀧川龜太郎，《史記會注考證》，頁927。
〔註52〕參見周蘇平，《中國古代喪葬習俗》，頁111。

明日者，事之變也，非用剛日也。〔註53〕

楊伯峻亦云：

> 古代以甲、丙、戊、庚、壬五奇日爲剛日，乙、丁、己、辛、癸五
> 偶日爲柔日。春秋時，葬埋均以柔日。此因雨，改用明日，蓋不得
> 已，非用剛日也。〔註54〕

由此可以看出，至少在春秋時代，人們在選擇葬埋之日時，均以「柔日」爲準。

其次，又可其中看出春秋時代下葬之日若逢雨天，則亦停止葬埋。而《呂氏春秋・開春論》亦云：

> 魏惠王死，葬有日矣。天大雨雪，至於牛目。群臣多諫於太子者，
> 曰：「雪甚。如此而行葬，民必甚疾之，官費又恐不給，請弛期更
> 日。」……惠公曰：「……今葬有日矣，而雪甚，及牛目，難以行。
> 太子爲及日之故，得無嫌於欲亟葬乎？願太子易日。先王必欲少留
> 而撫社稷安黔首也，故使雨雪甚。因弛期而更爲日，此文王之義也。
> 若此而不爲，意者羞法文王也？」太子曰：「甚善！敬弛期，更擇葬
> 日。」〔註55〕

可見戰國時代亦有此禁忌。

以《呂氏春秋》之記載來看，春秋、戰國時代「雨不克葬」的原因，一則是因雨天下葬困難；再則是若雨天葬埋死者，會被人們認爲「嫌於欲亟葬」，有虧於孝道。然而，「雨不克葬」之原因，仍應從對鬼魂禁忌之角度討論。《禮記・檀弓上》：

> 孔子既得合葬於防，曰：「吾聞之古也，墓而不墳。今丘也，東西南
> 北之人也，不可以弗識也。」於是封之，崇四尺。孔子先反，門人
> 後，雨甚。至，孔子問焉曰：「爾來何遲也？」曰：「防墓崩。」孔
> 子不應。孔子泫然流涕曰：「吾聞之：古不脩墓。」

以及《禮記・喪服四記》：

> 墳墓不培。

〔註53〕清・顧炎武著，清・黃汝成集釋，《日知錄集釋・卷四・葬用柔日》，頁25a。
（《四部備要・子部〔403〕》）

〔註54〕楊伯峻，《春秋左傳注》，頁695。

〔註55〕陳奇猷，《呂氏春秋校釋》，頁1425～1426。

均記載古代是不修墓的。天雨則易使墳墓崩塌，造成死者之不得安寧，而可能因此作祟於親人。因此，由於畏懼死者亡魂之作祟，故天雨時則停止葬埋，以免造成墳墓之塌陷。

　　此外，從睡虎地秦墓竹簡《日書》中，更可發現許多有關葬日禁忌之記載。例如：

　　　葬日，子卯巳酉戌，是胃（謂）男日，午未申丑亥辰，是胃（謂）
　　　女日。女日死，女日葬，必復之；男子亦然。凡丁丑不可以葬，葬
　　　必參。〔註56〕

又如：

　　　毋【以】辰葬，必有重喪。〔註57〕

從《日書》中之記載，可以清楚地看出，這些禁忌產生的目的，最主要仍在於保護生者。否則，若違反這些禁忌之規定，即可能產生死者作祟，而造成生者的相繼過世。此外，從其中所謂「女日死，女日葬，必復之；男子亦然」之內容看來，至遲在戰國時期，陰陽思想之觀念，已滲入喪葬習俗中。

　　東漢王充於其《論衡‧譏日篇》中，曾對當時選擇葬日之禁忌有所論述。他說：

　　　《葬曆》曰：「葬避九空、地臽，及日之剛柔，月之奇耦。」日吉無
　　　害，剛柔相得，奇耦相應，乃爲良吉。不合此曆，轉爲凶惡。〔註58〕

其中便敘述東漢時代，人們在選擇葬日時，多依循《葬曆》之規定。人若在剛日死，應選在柔日下葬；柔日死，則應於剛日葬埋。而若於奇月死，則應選擇偶月下葬；偶月死，亦應於奇月安葬。埋葬日期需與死者死亡月日之奇偶剛柔相配合。這些雖是東漢時代之迷信風俗，但是可從春秋、戰國時代之葬日禁忌找出其源頭；而《日書》中之某些內容，似乎也與王充所謂之《葬曆》相類似。或許當時人們在選擇葬日之時，也有這種《葬曆》可資參考。

（二）明器與人殉

　　所謂明器與人殉，是屍體下葬時，隨之一起葬埋的物與人。它們產生的原因，仍是對鬼魂之禁忌在背後作祟。

　　明器爲神明之器，陪葬於墓中，以供死者神靈使用。這是本於死者有靈

〔註56〕睡虎地秦墓竹簡整理小組編，《睡虎地秦墓竹簡‧日書甲種》，頁187。
〔註57〕同前註，頁197。
〔註58〕黃暉，《論衡校釋》，頁989～990。

之思想而產生的，在史前就有它的存在。〔註 59〕它原本是以死者生前所使用之器物，隨死者一起埋葬。後來，或許認為以實用之器物陪葬過於浪費，因此才製造出一些「備物而不可用」之明器來充當。然而，以實用器物陪葬之情形並未因明器之出現而停止，而且兩者的目的均相同，都是讓死者於死後之世界得以享用。因此，無論是實用之器物或非實用性之明器，只要是隨葬的，在此均以明器視之。

這種於死者墓中隨葬明器的習俗，至春秋、戰國時代，仍然存在著。《呂氏春秋・孟冬紀・節喪》云：

> 國彌大，家彌富，葬彌厚。含珠鱗施，夫完好貨寶，鍾鼎壺濫，輿馬衣被戈劍，不可勝其數。諸養生之具，無不從者。〔註 60〕

可見得在「禮崩樂壞」的春秋、戰國時代，上至王公貴族，下至匹夫庶人，隨葬物器之豐厚，成為當時的風尚。

除了以明器陪葬外，亦有用人作為殉葬的。人殉是起源於原始社會的末期，它的目的是為死者在死後世界提供服務。以中國古代而論，人殉最盛行之時期，應屬殷商時代。曾有學者統計，在殷墟的十四座大型墓中，人殉的總數便達 3900 人左右。〔註 61〕

降至周代，人殉相對於殷代雖有所減少，但是在整個周代之墓葬中，人殉仍是墓葬中的主要內容之一。據史書之記載，春秋時之諸侯，如齊桓公、秦武公、秦穆公、晉景公、宋文公、楚靈王，邾莊公等，死後都曾以人為殉葬。其中又以秦國之人殉最為突出。例如，《史記・秦本紀》載：

> 武公卒，葬雍平陽。初以人從死，從死者六十六人。……繆公卒，葬雍。從死者百七十七人，秦之良臣子輿氏三人名曰奄息、仲行、鍼虎，亦在從死之中。秦人哀之，為作歌〈黃鳥〉之詩。〔註 62〕

如此大規模的人殉，在其他諸侯國亦不多見，可視為秦國喪葬文化的特點。

此外，《墨子・節葬下》中，則對戰國時代人殉之風氣亦有所描述：

> 天子諸侯殺殉，眾者數百，寡者數十；將軍大夫殺殉，眾者數十，寡者數人。〔註 63〕

〔註 59〕鄭德坤・沈維鈞，《中國明器》，頁 83。
〔註 60〕陳奇猷，《呂氏春秋校釋》，頁 525。
〔註 61〕黃展岳，〈我國古代的人牲和人殉〉，《考古》，1974 年第三期，頁 157～160。
〔註 62〕瀧川龜太郎，《史記會注考證》，頁 93～98。
〔註 63〕張純一，《墨子集解・卷六・節葬下》，頁 236。(《無求備齋墨子集成〔23〕》)

而《七國考・卷十・田齊喪制》亦引劉向之言曰：

> 昔齊威王卒，從死七十二人。〔註64〕

由此可見，春秋、戰國時代，雖然人殉之習俗已遭譴責，且有人殉之替代品
——芻靈之出現，但是以人殉之風氣仍是極爲盛行。

列維・布留爾於《原始思維》一書中曾說：

> 在那些隨首次或末次喪禮一起出現的風俗中，……一般說來，這些風
> 俗都包含下面一個內容，即把屬於死人的一切東西隨死人一起埋
> 葬。……對這些風俗通行的解釋，是把它們的來源歸結爲下面幾個一
> 般的動機：供給死者所需的一切，使他在新環境中不至成爲不幸者，
> 如果死者是某種重要人物，則必須供給他維持其等級而需要的一切；
> 使活人避開受死亡玷污了因而不宜再用的物品；……避免那個嫉妒地
> 監視著活人的死者想要轉回來尋找他的財產的危險。〔註65〕

可以看出，這種以器物或人作爲死者陪葬的行爲，除了是供給死者於死後世界
所需的一切，以表示生者之孝心外，最主要的原因，仍是由於畏懼死者靈魂之
作祟而產生的。它一則是提供豐厚的明器與人殉，以取悅死者；一則是把和死
者有關之人或物一起隨死者埋葬，以免沾染上不祥之氣。《禮記・玉藻》中云：

> 父沒而不能讀父之書，手澤存焉爾；母沒而杯圈不能飲焉，口澤之
> 氣存焉爾。

也應該是出於同樣之因素所產生的禁忌。

（三）葬禮中之祓除儀式

人們由於對死者屍體之厭惡，以及對死者靈魂之畏懼，因此產生了許許
多多之禁忌，以避免看見死者之屍體與防止鬼魂之作祟。然而，在整個喪葬
儀禮之中，人們又不可避免地需要和死者之屍體相接觸，且又時時刻刻處於
鬼魂的威脅中。尤其是在埋葬死者屍體時，這種接觸與威脅的程度也更大。
因此，在葬禮儀禮的過程中，人們便以各種祓除的儀式，防止自己受到鬼魂
之傷害。

首先是在埋棺之前，以蜃灰塡塞墓坑或塗抹於墓壁之上。《周禮・地官・
掌蜃》云：

> 掌蜃，掌斂互物蜃物，以共闉壙之蜃。

〔註64〕〔明〕董說著，繆文遠訂補，《七國考訂補》，頁557。
〔註65〕〔法〕列維・布留爾著，丁由譯，《原始思維》，頁314～317。

即對於葬禮中所需之蜃灰，設有專官來掌理，可見當時對此一儀式之重視。
此外，《左傳‧成公二年》亦載：

> 八月，宋文公卒，始厚葬，用蜃炭。

可見有時蜃灰亦與炭合用。

將蜃灰與炭置於墓穴之中，究竟有何功能？尚秉和認為：

> 按《周禮‧掌蜃》：掌斂互物蜃物，以供闉壙之用。注：互物者，蚌
> 蛤之屬。闉，塞也。壙，穿中也。將葬，先塞蜃灰以禦溼，使棺不
> 朽。〔註66〕

此外，文崇一亦認為：

> 用蜃灰糊墓，最少有兩種好處：第一、墓室與外面空氣隔絕，防止
> 氧化；第二、可防止地下水侵入槨內。〔註67〕

均是將墓中之使用蜃灰，認為是用以防潮的。

然而，在埋棺之前使用蜃灰，主要的目的應該是為了祓除。在古人的心
目中，墓地是充滿凶邪之氣的地方，對生人而言，死者之靈魂也是凶邪之氣。
所以，為避免埋葬時鬼魂對生人之侵擾，需要事前做好祓除的工作。而蜃灰
即具有祓除凶邪的功能。

《儀禮‧士喪禮》中記載埋棺前一日，需要將棺柩遷往祖廟行朝廟之禮。
其中商祝便以經過灰所椎洗的功布，拂去柩上之塵土。而此一儀式，即具有
拂去凶邪之氣的意義。〔註68〕此外，睡虎地秦墓竹簡《日書》中，更有多處
關於以灰驅逐鬼魅的記載。例如：

> 人毋（無）故鬼昔（藉）其宮，是是丘鬼。取故丘之土，以為偶人
> 犬，置蘠（牆）上，五步一人一犬，環其宮，鬼來陽（揚）灰毄（擊）
> 箕以桑（喿）之，則止。……鬼恆贏（裸）入人宮，是幼殤死不葬，
> 以灰濆之，則不來矣。〔註69〕

均可以看出，灰確實是具有驅除凶邪的功能。所以，在埋葬死者之前，用蜃
灰來填塞墓穴或糊墓，是一項祓除的儀式，以避免死者之靈魂作祟。

此外，即使是以蜃灰作為防潮的功能，事實上也是與鬼魂禁忌有關。《說

〔註66〕尚秉和，《歷代社會風俗事物考》，頁266。
〔註67〕文崇一，《楚文化研究》，頁230～231。
〔註68〕參見李玉潔，《先秦喪葬制度研究》，頁123。
〔註69〕《睡虎地秦墓竹簡‧日書甲種‧詰》，頁212～214。

文解字》云：

> 棺，關也，所吕掩屍。〔註70〕

可見得棺材的目的也有將把附著在屍體的鬼魂關在裡面，怕它跑出來爲非作歹的用意。〔註71〕因此，用蜃灰防止地下水滲入槨內，實際上也就是希望棺木不要腐朽，免得死者靈魂竄出，危害於生人。所以，無論是從袚除抑或是從防潮的角度看來，蜃灰之使用均與人們對鬼魂之禁忌有著密切的關係。

在葬埋屍體之前夕，除了以蜃灰來作袚除外，亦有以巫術來驅逐凶邪的。而施行袚除巫術的人，通常即爲《周禮》中的「方相氏」。

《周禮・夏官・方相氏》云：

> 方相氏，掌蒙熊皮，黃金四目，玄衣朱裳，執戈揚盾，帥百隸而時
>
> 難，以索室毆疫。大喪先匶，及墓，入壙以戈擊四隅，毆方良。

「方良」，據楊景鶠之考證，即爲「罔兩」或「罔象」，甚至與趨逐方良之「方相」均同屬一物之異稱。它是木石之怪，好食死者之肝腦。人們爲了避免它對死者造成傷害，因此，採取巫術中「同類相剋」的原則，以方相氏蒙上方相之面具，驅逐方良、罔兩或罔象。〔註72〕

此外，《左傳・襄公二十九年》載：

> 春王正月，公在楚，……楚人使公親襚，公患之。穆叔曰：「袚殯而
>
> 襚，則布幣也。」乃使巫以桃茢先袚殯。楚人弗禁，既而悔之。

這裡所說的「巫」，應即具有與「方相氏」相同之身份。由此可見，方相氏在行袚除儀式之時，除蒙以面具外，亦有以桃茢作爲袚除的工具。

桃茢是以桃木爲棒的掃帚。它何以具有袚除不祥的功能？《禮記・檀弓下》：

> 君臨臣喪，以巫祝桃茢、執戈惡之。

鄭玄對此解釋說：

> 桃茢：桃，鬼所惡；茢，萑苕，可埽不祥。〔註73〕

桃茢之所以有袚除的功能，除了掃帚本身所具有的象徵意義外，最主要的因

〔註70〕漢・許慎著，清・段玉裁注，《說文解字注・六篇上・木部》，頁270。

〔註71〕薛觀濤，〈試論我國古代土葬葬式的共同性和俯身葬的特殊性 —— 兼評鄭若葵《商代的俯身葬》〉，《考古與文物》，1992年第二期，頁62。

〔註72〕楊景鶠，〈方相氏與大儺〉，《中央研究院歷史語言研究所集刊，第三十一本》，頁123～126。

〔註73〕《十三經注疏〔5〕禮記》，頁171。

素仍在於它以鬼魂所惡之桃木爲棒。

關於桃木之所以具有驅鬼避邪，袚除不祥的功能，有的學者認爲是由於古人對於血的恐懼與敬畏有關；而桃花的顏色火紅如血，故也被認爲擁有和血同樣的力量，足以避邪逐凶。〔註74〕有的學者則認爲是因爲桃具有藥用的價值；而在古人心目中，疾病是鬼魅所引起的，既然桃能治病，當然便有驅邪的能力。〔註75〕然而，不管是因爲桃花火紅的顏色，或是桃能治療疾病，桃木在中國傳統的觀念裡，確實是具有避邪之功能的。而這種觀念，在先秦時代便已出現了。睡虎地秦墓竹簡《日書》中，便有許多以桃木驅邪的例子。如：

> 人毋（無）故鬼攻之不已，是是刺鬼。以桃爲弓，牡棘爲矢，羽之
> 雞羽，見而射之，則已矣。……野獸若六畜逢人而言，是票（飄）
> 風之氣。毄（擊）以桃丈（杖），繹（釋）屨而投之，則已矣。……
> 大袜（魅）恆入人室，不可止，以桃更（梗）毄（擊）之，則止矣。
> 〔註76〕

可見無論是什麼形式的器物，只要是用桃木做成的，均具有驅邪的功用。

因此，方相氏頭戴面具，在葬埋之前進入墓穴中，以手拿的桃茢或戈向墓的四處比劃，便能袚除墓中之凶邪，以保護死者的安寧。

此外，正如在墓中施以蜃灰的目的一樣，以方相氏袚除不祥之對象，亦包括死者的鬼魂在內。應劭在《風俗通義》中云：

> 俗說：亡人魂氣飛揚，故作魌頭以存之，言頭體魌魌然盛大也。或
> 謂魌頭爲觸壙，殊方語也。〔註77〕

《風俗通義》雖成書於東漢時代，但是利用魌頭防止死者魂氣飛揚的習俗，在先秦時代應該便已存在了。此外，王利器對此一記載解釋說：

> 魌即《荀子·非相》篇之倛，楊倞注：「倛，方相也。」又引韓侍郎
> （愈）曰：「四目爲方相，兩目爲倛。」〔註78〕

可見魌頭便是方相。因此，方相除了能夠袚除不祥，亦有使死者之魂氣不致飛揚的作用。而死者之靈魂被魌頭所拘限，不就免除靈魂四處游蕩危害生人

〔註74〕 同註72，頁 163～164。

〔註75〕 參見羅漫，〈桃、桃花與中國文化〉，《中國社會科學》，1989 年第四期，頁 148～151。

〔註76〕 《睡虎地秦墓竹簡·日書甲種·詰》，頁 212～215。

〔註77〕 漢·應劭撰，王利器注，《風俗通義校注·佚文》，頁 574。

〔註78〕 同前註。

的可能。

總而言之，方相氏之驅逐鬼魅凶邪，除了能夠使死者免受鬼怪的侵擾；對於生人而言，也同樣具有限制死者靈魂活動，以保護生人免受鬼魂禍祟的作用。

（四）安葬時的禁忌

對死者屍體之處理，可說是整個喪葬禮俗中最重要的一環。中國向來以土葬方式來葬埋死者之遺體，因此，本節所謂「安葬時的禁忌」，主要便是討論有關春秋、戰國時代土葬中所包含的禁忌事象。

人們對於死者所產生的種種禁忌，除了認為死者之屍體是不潔的、不祥的事物外，主要是因為人們相信有鬼魂的存在，因而懼怕死者的鬼魂作祟，加害於人。

所以，古代的喪葬習俗，包括土葬在內，都起源於懼怕鬼魂騷擾的迷信，這似乎是文化人類學家的共識。即使如英國比較保守的學者威斯特馬克也是採取同樣的看法。他以阿克拉的尼格魯人（Negroes of Aecra）為例，即明白地表示：他們相信在屍體上埋壓泥土，鬼魂就不能走動，騷擾生者了。〔註79〕正如列維・布留爾所言：

> 不管葬禮採取什麼形式，不管屍體以什麼方式處理——土葬、火
> 葬、停放在高臺上或架在樹上以及諸如此類，所有這些儀式實質上
> 都是神秘的，或者如果願意的話，也可說都是巫術的。〔註80〕

因此，在喪葬禮俗中的各種儀式，就某些層面而言，都是含有巫術性質的。而這些神秘的巫術，實際上便是用以袚除因屍體所帶來之不祥，與避免死者靈魂的作祟。

以中國傳統的土葬而言，從典籍與考古資料中，也確實能夠找出許多有關這些性質之記載。《禮記・檀弓上》引國子高之言曰：

> 葬也者，藏也；藏也者，欲人之弗得見也。

前引東漢許慎於《說文解字》一書中，亦云：

> 棺，關也，所已掩屍。

由這兩段記載，可以清楚地看出：無論是從土葬本身，或者是從葬具——棺材來看，它們的目的一方面是為了避免看見死屍，一方面則是為了將死者之

〔註79〕 薛觀濤，〈試論我國古代土葬葬式的共同性和俯身葬的特殊性——兼評鄭若葵《商代的俯身葬》〉，《考古與文物》，1992年第二期，頁62。

〔註80〕 〔法〕列維・布留爾著，丁由譯，《原始思維》，頁305。

靈魂禁閉在棺材內，以防止它跑出來為非作歹。而這兩個目的，不正符合文化人類學家對喪葬習俗的理論。

除此之外，文崇一於《楚文化研究》一書中，對考古出土之文物有以下之敘述：

> 長沙出土的內棺有的用絲帛（或繩子）纏三道，每道或纏七重，或
> 纏三重不等；有的緘以葛布，橫三周，縱二周，葛布外復塗漆；在
> 信陽發現的則是用繩子捆縛棺的兩端。這可能是一種必要的儀式，
> 但它的意義已無法了解。〔註81〕

這些以絲帛或葛布將棺木捆綁的用意，其著眼點仍應出於對死者靈魂之畏懼。因此，雖然人們將死者靈魂關在棺材之內，但為了增加心中之安全感，故在棺木之外施以重重的束縛。至於在葛布外復塗漆，其目的也是防止葛布之腐朽，以免造成鬼魂有機可乘。

從以上的種種討論，不難看出喪葬的目的確實是具有祓除不祥，與避免鬼魂騷擾的作用。

除了葬禮本身即具有禁忌的意義，以下將針對春秋、戰國時代在葬埋死者屍體時的禁忌，加以敘述並討論其原因。

首先，是在埋葬死者屍體之時，埋葬的地點與方向需要遵循一定之規矩。《禮記·檀弓下》云：

> 葬於北方，北首，三代之達禮也，之幽之故也。

《禮記·禮運》亦云：

> 死者北首，生者南鄉，皆從其初。

即認為死者的屍體要以埋於北方、頭朝北的方式葬埋。

將死者以某一方向葬埋的方式，不僅夏商周三代才出現。事實上，在許多新石器時代的墓葬遺址中，便可發現許多這一類型的例子。例如，仰韶文化半坡遺址中共發現墓葬 250 座，其中成人墓 174 座，除少數散見於東、南部外，絕大多數集中於居住區以北的墓地上。該墓地的墓坑排列有序，縱橫相當整齊。墓葬方向除少數有異外，墓葬方向基本一致，與正西方向相差不超過 20°。〔註82〕此外，在臨潼姜寨、泰山大汶口、邳縣劉林、大墩子與南京北陰陽營等地所發現的新石器時代之遺址中，每一個遺址中的墓葬地點與

〔註81〕文崇一，《楚文化研究》，頁 229。
〔註82〕參見李玉潔，《先秦喪葬制度研究》，頁 3。

方向也基本相同。〔註83〕可見，這種將死者以相同的地點與方向葬埋的習俗，由來已久。

至於，何以會有這種習俗的出現？有的學者認爲「在氏族制度下，同一氏族的成員死後要安葬在本氏族的墓地之內，並往往有相同的頭向。人們認爲頭向指示著靈魂的去向，或標示著故土的方向」。〔註84〕以《禮記》中之記載看來，至少在春秋、戰國時代，是將北方視爲靈魂的歸宿。當時人們認爲北方是屬幽陰之地，與鬼魂同屬一類。因此，將死者的屍體按照一定之地點與方向加以葬埋，是希望鬼魂回歸到幽陰之地，不要再流連於人世間，造成人們的恐慌。所以，這種以一定方向葬埋死者的方式，仍是由於對靈魂之禁忌所引發的。其中的目的，即在於保護生者不受鬼魂之侵擾。

如前所述，從新石器時代開始，便有同一氏族的成員死後，均需安葬於本氏族墓地之中的習俗。因此，造成許多考古遺址中均可發現成群的墓葬遺跡。而這種族葬的方式，一直到春秋、戰國時代仍舊存在著。《周禮・春官》云：

> 冢人，掌公墓之地，辨其兆域而爲之圖，先王居中以昭穆爲左右。
> 凡諸侯居左右以前，卿大夫居後，各以其族。……墓大夫，掌凡邦
> 墓之地域，爲之圖。令國民族葬而掌其禁令，正其位，掌其度數，
> 皆有私地域。凡爭墓地者，聽其獄訟。

可見，當時上自天子，下至庶民，均需將死者葬埋於公有墓地之中。

然而，在某些特殊情況下，也有不將死者葬埋於公墓之中的。《周禮・春官・冢人》云：

> 凡死於兵者，不入兆域。

此外，《左傳・哀公二年》亦云：

> 簡子誓曰：「……志父無罪，君實圖之！若其有罪，絞縊以戮，桐棺
> 三寸，不設屬辟，無入于兆，下卿之罰也。」

楊伯峻對此解釋說：

> 《荀子・禮論》：「刑餘罪人之喪，不得合族黨，獨屬妻子，棺三寸，
> 衣衾三領，不得飾棺。」楊倞注：「刑餘，遭刑之餘死者。《墨子・
> 節葬下》曰：『桐棺三寸，葛以爲緘。』趙簡子亦云。然則厚三寸，

〔註83〕參見盧央、邵望平，〈考古遺存中所反映的史前天文知識〉，收錄於《中國古代天文文物論集》，頁1～5。

〔註84〕同前註，頁5。

> 刑人之棺也。」……古代同族之人叢葬一處，叢葬之地，其範圍曰
> 兆域。孔疏云：「此言不入兆域，亦罰也。」〔註85〕

由此可見，凡是「死於兵」或是「刑餘罪人」，他們是不能與同族之人埋葬在一起。也就是說：凡是凶死者，需要另尋葬埋之地，不能入於兆域的。

《左傳·成公十八年》云：

> 春王正月庚申，晉欒書、中行偃使程滑弒厲公，葬之于翼東門之外，
> 以車一乘。

而《左傳·襄公二十五年》亦載：

> 齊崔杼弒其君光。……崔氏側莊公于北郭。丁亥，葬諸士孫之里。

這些都是不將凶死之人葬於兆域的例子。

至於，何以對於凶死之人會有特殊的處理方式？以先前所引楊伯峻之解釋，這種方式似乎是對凶死者的懲罰。然而，我們認為除了具有懲罰之意味外，其隱藏在背後的因素，仍是由於禁忌心理的作祟。

《左傳·昭公七年》記載著子產對趙景子的詢問，曾回答說：

> 人生始化曰魄，既生魄，陽曰魂。用物精多，則魂魄強，是以有精爽
> 至於神明。匹夫匹婦強死，其魂魄猶能馮依於人，以為淫厲。況良霄，
> 我先君穆公之冑，子良之孫，子耳之子，敝邑之卿，從政三世矣。鄭
> 雖無腆，抑諺曰「蕞爾國」，而三世執其政柄，其用物也弘矣，其取
> 精也多矣，其族又大，所馮厚矣，而強死，能為鬼，不亦宜乎！

由子產的談話中，可以明白地看出：當時人們不但相信人死後尚有鬼魂的存在，並且認為只要是凶死（強死）的人，其鬼魂會更為凶惡，具有更大的破壞能力。因此，人們對凶死者，往往有特殊的處理方式。例如，《左傳·文公十八年》載：

> 仲以君命惠伯，其宰公冉務人止之，曰：「入必死。」叔仲曰：「死
> 君命可也。」公冉務人曰：「若君命，可也；非君命，何聽？」弗聽，
> 乃入。殺而埋之馬矢之中。

其中將凶死者埋在馬矢（屎）之中，這種方式是具有被除的作用。睡虎地秦墓竹簡《日書》中，曾有以下之記載：

> 毋（無）故不可以孰（熟）食，陽鬼取其氣。燔豕矢室中，則止矣。……
> 大神，其所不可啻（過）也，善害人，以犬矢為完（丸），操以啻（過）

〔註85〕楊伯峻，《春秋左傳注》，頁 1614～1615。

之，見其神以投之，不害人矣。鬼恆夜鼓人門，以歌若哭，人見之，

是兇鬼，鳶（弋）以芻矢，則不來矣。〔註86〕

便有許多是以動物之糞便做爲驅逐鬼怪凶邪的工具。由此可見，將凶死者之屍體埋在馬矢之中，是一種祓除的手段，以便防止凶死者的凶惡鬼魂對生人之侵擾。

至於，不把凶死者之屍體埋於族葬的兆域之內，也是具有保護的作用。因爲，從族葬的風俗可以推測：古人除了相信人死後仍有鬼魂之存在，亦相信同族之人死後，靈魂仍舊生活在一起。所以，若是將凶死者同其他人一樣葬埋於兆域之中，必定會造成祖先神靈之不得安寧。如此一來，祖先們可能因此而遷怒於子孫，而降下災禍。

因此，無論從生人或死者的角度來考量，對凶死之人葬埋地點與方式的特殊處理，最終的目的仍是希望能夠藉此避免鬼魂所帶來的禍殃。

（五）鎮墓獸

在喪禮與葬禮的過程當中，人們以掩、瑱、幎目、冒斂衾等物品覆蓋及包裹屍體，並以絲繩將死者之手腳牢牢地捆綁；此外，將死者屍體放入棺木之中、墓壙中充塡蜃灰、以及用方相之面具放在死者之頭部。凡此種種，最終的目的均是爲了限制死者靈魂之活動，以免它跑出墳墓之外，對生人造成傷害。

然而，即使是用盡了各種方法，鬼魂對人的威脅仍舊存在。於是，在葬禮過程中，人們仍是想盡辦法，防止鬼魂之四處游蕩。而其中最主要的方式，即是在墓中安置鎮墓獸。

在墓中安置鎮墓獸，是先秦時代喪葬制度中的一種特殊習俗。這一習俗在崇鬼的南方地區尤爲盛行。據統計，在湖北、湖南、河南等地的楚墓中，即曾出土大量的「鎮墓獸」。僅以湖北江陵雨台山楚墓爲例，在兩百五十二座一棺一槨或二槨一棺的墓中，隨葬有鎮墓獸的即佔 37%。〔註88〕然而，這種以鎮墓獸隨葬之習俗，不僅只限於楚地。例如，有些學者即認爲在河南新鄭所發現的銅器座，作人銜長蛇之形，和鎮墓獸頗有相似之點；此外，在山西陽高西漢初期的「耿嬰墓」中，亦曾發現在木枕飾以木雕的怪獸，獸頭上有雙角、豎耳大嘴，口吐長舌。它們在墓葬中，也都是用來鎮墓、避邪的。其

〔註86〕《睡虎地秦墓竹簡・日書甲種・詰》，頁212～213。

〔註88〕參見徐吉軍，〈從喪葬習俗看中國人的生命觀〉，收錄於上海民間文藝家協會編，《中國民間文化（第七集）——人生禮俗研究》，頁95。

功能和形像，與楚墓中的鎮墓獸，當有可以聯繫之處。因此，可以說明同樣的風俗，在其它地方亦廣泛流傳著，未必限於楚地。〔註89〕

　　至於，於墓中安放鎮墓獸的作用為何？一般均認為它是用來除災避邪，保護亡靈的。例如，商承祚說它「用以鎮墓」；〔註90〕安志敏，陳公柔等除認為它們顯然是用來辟除不祥外，更以為鎮墓獸與長沙楚帛書中的怪物有關，「是用以呵護死者的靈魂」。〔註91〕此外，李玉潔對鎮墓獸之功能，則有極為詳細的說明。他認為：

> 鎮墓獸的頭上都插鹿角，古代傳說之中的神異之物多假借鹿形，如有一種叫「飛遽」的天上神獸，就是鹿頭而龍身。另外還有一種似鹿的「桃拔」，一角者稱天鹿，兩角者叫「辟邪」。……可見鎮墓獸帶有「辟邪」的某種狀態，又似「夔神」的面目，鎮墓獸是古代人們用以除災避邪，保護亡靈的一種神獸形像。〔註92〕

這些學者雖有不同的說法，但是，他們對於鎮墓獸的功能沒有太大的出入，均認為它是用以驅邪避災，保護死者亡靈的。

　　然而，在墓中放置鎮墓獸的作用，仍是具有雙重性質的。它一方面是為了保護死者之亡魂，不受其它凶邪之氣的侵犯；一方面則是防止死者亡魂之游蕩，以免生人遭到鬼魂之騷擾。趙建偉在討論鎮墓獸時，曾經指出：

> 今出土墓葬中，有以豬首的怪物為鎮墓獸，這便是對水的防衛，可以稱之為「同類相治」。〔註93〕

若鎮墓獸之形像與功能，果如趙氏所言，則鎮墓獸不正和墓壙中填塞蜃灰一樣，亦有防止棺材遭水之侵蝕而腐朽，以免鬼魂有竄出的機會，為祟於生人。

　　除此之外，更可以從墓中安放鎮墓獸的位置，察覺出鎮墓獸所具有的功能。在湖北江陵雨台山發掘出鎮墓獸的 156 座墓葬中，除編號 555 號外，其餘的鎮墓獸均放置墓中的頭箱部位；〔註94〕而在河南信陽所發現的二座楚墓裡，鎮墓獸雖不是放置於頭箱中，但也是放在靠近死者頭部的後室或左後室

〔註89〕 參見安志敏・陳公柔，〈長沙戰國繒書及其有關問題〉，《文物》，1963 年第九期，頁 60。

〔註90〕 商承祚，《長沙古物聞見記・卷上・柰・楚柰龍坐一則》，頁 102。

〔註91〕 安志敏・陳公柔，〈長沙戰國繒書及其有關問題〉，《文物》，1963 年第九期，頁 59。

〔註92〕 李玉潔，《先秦喪葬制度研究》，頁 169～170。

〔註93〕 趙建偉，《人世的"禁區"——中國古代禁忌風俗》，頁 155。

〔註94〕 湖北省荊州地區博物館，《江陵雨台山楚墓》，頁 107。

中。〔註95〕而這種安放鎮墓獸的方式，對討論它的功能時，有極大的啓發作用。蔣衛東在〈“鎮墓獸”意義辨〉一文中，即認爲：

> 原始靈魂信仰中，人們往往認爲頭部五官是靈魂出入的孔道。……而
> 「鎮墓獸」設放的位置恰好是在槨室內最重要，離死者頭部最近的頭
> 箱內，這恐怕並非僅是一種巧契。楚人設放「鎮墓獸」的目的是爲了
> 扼住死者屍體上的靈魂及附繫在那些隨葬品上的死者靈魂，以防止其
> 出來游蕩而產生對生者的傷害。……「鎮墓獸」在戰國楚地喪禮中的
> 神格，應當就是坐鎮墓門祛禳鬼禍的鎮墓神，供奉他的主要目的是隔
> 絕死者靈魂世界與人世的通衢，使惡害之鬼不能傷害生者。〔註96〕

由此可見，在墓中擺設鎮墓獸的用意，正和將方相的面具放置在死者頭部的目的相同，都是爲了使死者之靈魂無法任意出來活動，以免造成人們的恐慌。

　　鎮墓獸至遲出現於戰國早期，盛行於戰國中期，到了戰國晚期則逐漸消亡。然而，鎮墓獸的觀念並未就此消失。它其實是以另一種形式，出現於喪葬禮俗之中。在東漢時代的許多墓葬中，經常會出土一些陶瓶或鉛券，其上有朱書或墨書的文字，羅振玉稱其爲「鎮墓文」，〔註97〕它或許即爲「鎮墓獸」的一種變形。而在「鎮墓文」中，經常可以看到書有「上天倉倉，地下芒芒，死人歸陰，生人歸陽，【生】【人】【有】里，死人有鄉」〔註98〕或「生屬長安，死屬大山，死生異處，不得相防（妨）」〔註99〕等類似的字句。若是「鎮墓獸」與「鎮墓文」之間真的有所關聯，則透過這些文字，不正可以看出其中確實含有防止死者鬼魂向生人侵擾的作用，而此亦可作爲討論「鎮墓獸」功能的旁證。

第三節　葬禮後之禁忌

　　從前面一節的討論中，很明顯地可以看出：在整個喪禮與葬禮的過程裡，

〔註95〕河南省文物研究所，《信陽楚墓》，頁64及頁114。

〔註96〕蔣衛東，〈“鎮墓獸”意義辨〉，《江漢考古》，1991年第二期，頁44。

〔註97〕羅振玉於《貞松堂集古遺文‧卷十五‧地券》即云：「東漢末葉，死者每用鎮墓文，乃方術家言。」（見《羅雪堂先生全集‧初編‧十三》，頁5232。

〔註98〕羅振玉，《遼居雜著丙編‧古器物識小錄‧鎮墓文》，收錄於《羅雪堂先生全集‧初編‧七》，頁2887。

〔註99〕羅振玉，《貞松堂集古遺文‧卷十五‧地券》，收錄於《羅雪堂先生全集‧初編‧十三》，頁5234。

許多規定與儀式，都是由於人們對於死者屍體之嫌惡以及對鬼魂作祟之畏懼所產生的。因此，這些規定與儀式的目的，便是儘量使生人減少目睹屍體之機會，以及防止死者鬼魂之侵擾。

然而，在春秋、戰國的文獻中，有關鬼魂作祟的事件，仍舊時有所聞。《墨子・明鬼下》便曾記載著許多鬼魂侵擾生人的例子。此外，在眾多鬼魂滋擾的事件中，許多便是來自於祖先亡魂的作祟。例如，睡虎地秦墓竹簡《日書》云：

> 甲乙有疾，父母爲祟。……丙丁有疾，王父爲祟。……戊己有疾，……
>
> 王母爲祟。〔註87〕

即認爲某些疾病之產生，是祖先鬼魂所爲。所以，在當時人們的心目當中，認爲即使在喪禮及葬禮之中，做了種種的預防措施，也不能就此保證不會遭受到死者亡魂之侵犯。

職此之故，人們在葬埋死者屍體之後，仍然有一些禁忌的規定與措施，以避免遭到亡魂之禍祟。若是不遵循這些規定與措施，即違犯了禁忌，隨時有被鬼魂騷擾的可能。因此，本節主要的目的，即在於討論葬禮之後人們所恪守的禁忌，以證明對鬼魂的畏懼，並不因葬禮之結束而有所停止。

一、服喪的禁忌

《墨子・節葬下》云：

> 君死，喪之三年；父母死，喪之三年；妻與後子死，喪之三年，五
>
> 者，皆喪之三年。然後伯父、叔父、兄弟、孽子，其戚族人五月，
>
> 姑姊、甥舅皆有月數。〔註100〕

當生人將死者的屍體葬埋之後，人們往往還需要根據與死者的親疏關係，爲死者服喪一段時間。服喪期滿之後，整個喪葬儀禮才算就此告成。

在這段服喪的期間，服喪者的各種活動，均需依照一定之規定來行事。即以三年之喪爲例，《左傳・襄公十七年》云：

> 齊晏桓子卒，晏嬰麤縗，苴絰、帶、杖、菅屨，食鬻，居倚廬，寢
>
> 苫、枕草。

《墨子・節葬下》亦云：

〔註87〕《睡虎地秦墓竹簡・日書甲種・病》，頁193。

〔註100〕張純一，《墨子集解・卷六・節葬下》，頁 238～239。（《無求備齋墨子集成〔23〕》）

處喪之法，將奈何哉？哭泣不秩、聲翁、縗絰、垂涕、處倚廬、寢
苫枕凷。……又曰：上士之操喪也，必扶而能起、杖而能行，以此
共三年。〔註101〕

而《荀子・禮論》亦載：

三年之喪，稱情而立文，所以爲至痛極也。齊衰苴杖、居廬食粥、
席薪枕塊，所以爲至痛飾也。〔註102〕

可見在春秋、戰國時代，人們爲親人服三年之喪的情形大致相同，都是需要
著喪服、持木杖、居倚廬，並以樹枝柴薪爲席子、枕頭。這些行爲舉止，一
般均將其視爲藉此以表示喪親之哀痛。然而，以民俗學的角度來看，這些行
爲舉止的來源，仍是在於避免死者鬼魂的騷擾。

　　列維・布留爾於《原始思維》一書中，曾對喪期的內涵有所論述，他說：

使土人不得不圓滿地履行服喪義務的主要原因，常常是害怕引起死者
的仇恨，土人覺得死人的報復比活著的敵人的報復更可怕。〔註103〕

由於對死者鬼魂作祟之畏懼，人們除了要履行一定的喪期外，亦想出種種的
辦法，以避免鬼魂之侵擾。而先前所說的各種喪期中的舉動，就是在這種前
提下所產生的。

　　以穿著喪服爲例，佛洛伊德在《圖騰與禁忌》一書中，曾經指出：

在北美的部落裡，我們可以更清楚地看到爲此目的而設的許多習
俗：在丈夫死後，寡婦必須穿著由成簇雜草作成而圍於下體的裝束
數天，以防止丈夫的鬼魂與她性交。〔註104〕

而林惠祥亦認爲：

家有死人，必定改變平時的形狀，如斷髮、繪身，或穿著特別衣服
等，其初大約不是紀念，而實是由於懼怕的心理。〔註105〕

由此可見，服喪期間之穿著喪服，除了是表示哀感外，其最初的用意則是爲
了僞裝與保護自己，以免受到死者亡魂的糾纏。

　　再以手持木杖爲例，在第二節討論有關葬禮中之祓除儀式時，即曾經指

〔註101〕同前註，頁237。
〔註102〕清・王先謙，《荀子集解・卷第十三・禮論》，頁521～522。（《無求備齋荀子
　　　　集成〔22〕》）
〔註103〕〔法〕列維・布留爾著，丁由譯，《原始思維》，頁387。
〔註104〕佛洛伊德著，楊庸一譯，《圖騰與禁忌》，頁72。
〔註105〕林惠祥，《文化人類學》，頁307。

出桃木杖具有驅鬼避邪的功效。由此可以推測，喪期中所持之木杖，或許也具有相同的作用。趙建偉即認爲：

> 執杖，也是爲了驅鬼、嚇鬼，而不是像古書裡文人所説的孝子在守
> 喪期間由於節食、悲哀而身體虛弱用來「輔病」的。……古書記載
> 喪期執的竹杖或桐杖，並説竹和慼同音，慼是悲感的意思；桐和悲
> 痛的痛同音。我們從古代的植物崇拜和大量的桃杖驅鬼的事實
> 看，……疑最初喪期所執的杖也是桃木製的。這也許是文人所諱言
> 的，因爲這太「不近有情」了。〔註106〕

若是果如趙氏所言，則喪期中的手執木杖，也是爲了驅除鬼魂之騷擾。

此外，弗雷澤在《金枝》一書中，亦云：

> 不列顛哥倫比亞的舒什瓦普人中，剛死了丈夫或妻子的寡婦鰥夫必
> 須離人獨居。……他們用帶刺的灌木作床和枕頭，爲的是使死者的
> 鬼魂不得接近。同時他們還把臥鋪四周也都放了帶刺灌木。這種防
> 患做法，明顯地表明使得這些悼亡人與一般人隔絕的究竟是什麼樣
> 的鬼魂的危險了，其實這些只不過是害怕那依戀他們不肯離去的死
> 者鬼魂而已。〔註107〕

由此對照中國古代喪期中，「居倚廬、寢苫、枕草」的方式，不正表示著孝子在喪期中不敢居住在原處，而在院子臨時搭建一個小屋來居住的用意，即是希望能避開死者之亡魂，以免亡魂返家時被纏住。

從以上的討論，可以明白地看出，人們在服喪期間的種種行爲舉止，如著喪服、執杖，以及「居倚廬、寢苫、枕草」等，除了是表示親人死亡之哀痛外，隱藏在其背後的，仍是基於對鬼魂的畏懼心理所產生的禁忌。

二、祭祀的禁忌

春秋、戰國往往將許多不幸的事故、損傷、疾病、衰老和死亡，都歸咎於靈魂的作祟。因此，他們對於看不見，但又常常存在的靈魂，總是處於恐懼的狀態之中。即使是對自己親人靈魂的觀感，也是如此。

此外，在當時人的心目中，無後嗣供祀的鬼魂，便會四處作祟，例如：《左傳‧昭公七年》即載子產之言曰：

〔註106〕趙建偉，《人世的"禁區"──中國古代禁忌風俗》，頁93～95。
〔註107〕弗雷澤著，汪培基譯，《金枝》，頁316～317。

　　　　鬼有所歸，乃不爲厲，吾爲之歸也。

表明死者若無子孫之祭祀，即無所歸宿，則會成爲厲鬼，對生人造成危害。
而《左傳・僖公十年》載：

　　　　（狐突）對曰：「臣聞之：神不歆非類，民不祀非族。」

《左傳・僖公三十一年》亦云：

　　　　（甯武子）曰：「鬼神非其族類，不歆其祀。」

由此亦可看出，祭祀鬼神時，必得自己之親族，死者才得以受享。因此，人
們對於剛死去的親人或是死去已久之先祖們，均定期地加以奉祀。

　　　這種對祖先們之祭祀，在甲骨文中即可發現。殷人極爲崇尚鬼神，甲骨
文中大半均爲祭祀之卜辭，其先公與先王無一不在子孫的祭祀之中。到了周
代，周人亦與殷人一樣，相信祖先死後其靈魂仍舊存在，所以必須在一定的
時候對祖先進行祭祀。一方面祈求祖先賜予福祚；一方面則是唯恐觸怒了祖
先的鬼魂，而遭受到凶災。這種崇祀先祖的情形，至春秋、戰國時代仍無太
大的改變。即以《儀禮》中所載子孫對其先祖們之祭祀，大致上可分成兩個
部分：一是埋葬死者以後，從對死者進行虞祭祔廟之禮開始，直到服喪期間
對死者所進行的各種祭祀，如虞祭、小祥祭、大祥祭、禫祭等；另一則是在
祖先死後若干年，後世子孫不定期地對他們進行祭祀，以向祖先祈福，如特
牲饋食禮、少牢饋食禮等。

　　　由此可以看出，春秋、戰國時代，人們對於祖先之祭祀，仍是極爲注重
的。其祭祀祖先們的目的，除爲祈求祖先之福祐外，最主要的因素大概還是
畏懼祖先降下災禍，故欲藉虔誠豐盛的祭祀，取悅於祖先，以避禍邀福。

　　　除了要遵守祭祀的規定，在一定時間內對祖先們加以奉祀，以免違犯禁
忌，遭受祖先神靈的懲罰外，在祭祀死者時，尚有一項極爲有趣的禁忌需要
遵守。即在選「尸」做爲祭祀對象時，須依循一定的規矩。

　　　周代的尸祭，是以活人爲尸，代表死者的神主或在人世間的化身，享受
祭祀。這實際上一種人與神交通的方式，具有宗教思想的意識。周人對尸的
恭敬和宴享，就等於對祖先的恭敬和宴享。尸還能代表祖先向子孫賜福，這
是一種巫術思想的反映。〔註108〕然而，依據《禮》書之記載，選尸有一定的
規矩需要遵守。

　　　有關選尸的原則，分別記載於《禮記》與《儀禮》當中。《禮記・曲禮上》

〔註108〕參見李玉潔，《先秦喪葬制度研究》，頁 265。

云：

> 禮曰：君子抱孫不抱子。此言孫可以爲王父尸，子不可以爲父尸。

《禮記・曾子問》亦載：

> 孔子曰：「祭成喪者必有尸，尸必以孫。孫幼，則使人抱之；無孫，
> 則取同姓可也。」

《儀禮・士虞禮》亦云：

> 男，男尸；女，女尸。必使異姓，不使賤者。

可見，如果死者爲男性，則用男尸，如果是女性，則用女尸；孫可爲祖之尸，孫婦亦可爲祖姑之尸。此外，子不可爲父尸；庶孫、妾亦不能爲尸，只有嫡孫、嫡孫婦可以爲尸。這些都是選尸時的規定，若是不照著施行，即違犯了選尸的禁忌，死者的靈魂便無法附於尸上，享受子孫的祭祀。

至於，何以選尸時必以孫輩爲之？李玄伯在討論古代之昭穆制度時，曾經認爲：

> 古代的昭穆實在是固定的，某人是昭永遠是昭，某人是穆永遠是穆。……方母系社會時，子女皆從其母的圖騰，兩部之第一代若各從其圖騰，則第二代必互換圖騰，至第三代復如第一代，……因此祖孫同圖騰（姓），而父子則否。〔註109〕

此一觀點對研究選尸制度，有極大的啓發作用。因爲，在以圖騰爲標幟而外婚的母系氏族中，祖孫在同一母系家庭，父子則分屬兩個母系家庭，祖孫之間的親情關係多於父子。這種現象與周代尸祭制度中「子不可爲父尸」、「孫必爲王父尸」，以及昭穆制度中的祖孫同昭穆等現象完全符合。周代尸祭的選尸原則和昭穆制度皆反映了周族的原始母系外婚制的遺存。〔註110〕

由此可知，尸祭中的選尸原則是與當時的昭穆制度，有著密不可分的關係；而它們又都是源自於遠古時代的風俗習慣。

三、避　諱

在古人的心目中，名字並非僅一種稱呼而已，它與人的肉體與靈魂有著極爲密切而且神秘的關係。因此，人們往往對於自己出生時所取的名字極爲

〔註109〕李玄伯，〈希臘羅馬古代社會研究序〉，收錄於氏著，《中國古代社會新研》，頁39～41。

〔註110〕李玉潔，《先秦喪葬制度研究》，頁268。

重視，絕不輕易給外人知道，以免遭受他人的暗算。此外，人們對於死者的名字也是極爲避諱的。在人剛死時，行招魂之後，人們即忌諱直接稱呼死者的名字，而是另取一諡號用以稱呼死者。此一習俗即爲對死者名字的避諱。

有關避諱的習俗，有的學者認爲始於殷商時代。〔註111〕此一論點雖仍有爭議，但是，從周天子的諡號看來，至遲在西周時代，避諱的習俗便已出現了。

春秋、戰國時代，仍沿續此一習慣，禁忌直接稱呼死者之名諱。《左傳‧桓公六年》載：

> 公問名於申繻。對曰：「……周人以諱事神，名，終將諱之。」

即認爲人死後，要對避諱稱呼其名。此外，《孟子‧盡心下》亦云：

> 諱名不諱姓。姓所同也，名所獨也。

而《禮記‧曲禮上》亦云：

> 卒哭乃諱。禮不諱嫌名，二名不偏諱。

這些都是春秋、戰國時代避諱死者之名的理論。至於避諱的實例方面，則可以《國語‧晉語》爲例。《國語‧晉語九》云：

> 范獻子聘於魯，問具山、敖山，魯人以其鄉對。獻子曰：「不爲具、敖乎？」對曰：「先君獻、武之諱也。」獻子歸，戒其所知曰：「人不可以不學。吾適魯而名其二諱，爲笑焉，唯不學耳。」〔註112〕

由於范獻子之疏失，提及兩位魯君之名諱，而遭人恥笑，可見避諱在當時也是極爲重要的禮節。此外，楊伯峻注《左傳‧隱公元年》「三月，公及邾儀父盟于蔑」時，亦認爲：

> 姑蔑，此省稱「蔑」者，惠棟《左傳補注》謂：「隱公名姑息，當時史官爲之諱也。」《春秋經傳集解》後序引《竹書紀年》云：「魯隱公及邾莊公盟於姑蔑」，正作姑蔑。《竹書紀年》乃魏國史書，不必爲魯諱，因不省「姑」字，亦足以證成惠説。〔註113〕

這些均可以證明當時確實已有避諱的習俗。

至於，避諱的習俗是如何產生的？其中雖有避免因提及死者之名諱，而勾起生人傷心的情緒；然而，其眞正的起源，似乎仍是來自於鬼魂的禁忌。

〔註111〕例如屈萬里即認爲：「諡法之成爲定制雖晚，而諡號之發生實始於殷代末葉。」（參見氏著〈諡法濫觴於殷代論〉，《中央研究院歷史語言研究所集刊，第十三本》，頁220。）而諡號即爲迴避死者名諱的一種方式。

〔註112〕《國語‧晉語九‧范獻子戒人不可以不學》，頁487。

〔註113〕楊伯峻，《春秋左傳注》，頁7。

　　弗雷澤曾列舉了許多有關原始民族對死者名諱的禁忌，證明它的起源確實是與畏懼鬼魂的作祟有關。他說：

> 在澳大利亞中部的一些部落中，在死者剛剛逝去、親友哀悼期間，……假如幽靈聽見有人說出他的名字，便會認為他的哀悼不夠盡心，……這樣的無情冷漠使逝去的鬼魂非常憤慨，於是就將在夢寐中困擾他們。……圖阿雷格人不說死者的名字的原因的確就是如此。他們害怕死者的鬼魂回來，因此採取種種方法盡可能地避免它，如一有人死就立刻撤換原有的營帳，永遠不提死者的名字，避免任何可能引起或召喚這魂歸來的舉動。〔註114〕

這些原始民族對死者名字忌諱的原因，對研究中國春秋、戰國時代的避諱習俗，應有極大的啓發作用。

　　佛洛伊德在《圖騰與禁忌》一書中，曾說：

> 在喪期，一個最令人困擾和使人深省的事實是，禁止呼叫死者的姓名。這種風俗幾乎是普遍性的，它們各以不同的方式表示出來。……在東非 Nasai 族，當一個人死後即被換上了新取的名字；於是，人們可以自由的呼叫他，因為，所有的禁制仍然附著在舊有的名字上。這種做法似乎是預設鬼魂不知道且無法知曉他新名字的假定。〔註115〕

由此對照中國的諡號制度，真可說是若合符節。因此，大致上可以肯定，避諱的習俗仍是基於鬼魂禁忌所設定的。

小　結

　　「愼終追遠」一直是中國傳統文化中，一個極為重要的特色。而這種觀念，無疑地，在喪葬儀禮中最能夠表現出來。因此，中國傳統文化中，喪葬儀禮總是為人們所重視。例如，《孟子・離婁下》云：

> 養生者，不足以當大事，惟送死，可以當大事。

而《荀子・禮論》亦云：

> 事死如事生，事亡如事存。〔註116〕

〔註114〕弗雷澤著，汪培基譯，《金枝》，頁 376～377。
〔註115〕佛洛伊德著，楊庸一譯，《圖騰與禁忌》，頁 73～74。
〔註116〕清・王先謙，《荀子集解・卷第十三・禮論》，頁 530。(《無求備齋荀子集成〔22〕》)

均可以看出人們對喪葬儀禮之重視程度。

　　然而，在整個喪葬儀禮的過程當中，可以發現許多禁忌風俗摻雜在其中。
正如列維・布留爾所言：

> 有關死亡和死人的風俗也許是一切風俗中最持久的。因此，當社會
> 環境、制度和信仰改變了，這些風俗只是很慢地跟著改變，就是在
> 它們的意義逐漸模糊起來甚至喪失時，它們也繼續被遵守著。人們
> 根據新的觀念和感情來解釋它們，亦即往往以相反的意義來解釋它
> 們，因而常常有這樣的情形：它們和從前保留下來的部分混在一起，
> 就變成了一種自相矛盾的東西。〔註117〕

這些禁忌，若僅以「慎終追遠」的孝道思想來觀察，很難將這些禁忌產生的
原因予以正確解釋，而且，有時這些禁忌的內涵是與孝道思想相違背。因此，
要正確地瞭解這些喪葬禁忌所代表的意義，則需要從另一種角度加以解釋。

　　從人類學家的觀點來說，生人對死者的觀感是極其複雜的。一則是對於
死者的愛，一則是對於屍體的反感；一則是對於依然憑式在屍體上的人格有
所慕戀，一則是對於物化的臭皮囊有所恐懼。〔註118〕此外，從社會學的觀點
來看，由於活著的人無法確知死後的世界，也無法捉摸死者的意願，所以對
死者的感情在悲哀中夾雜著恐懼。〔註119〕因此，使得在對屍體的裝斂或處置
上、在葬後的禮儀或祭祀上，均可以看到這些反感、恐懼與愛戀的情緒交織
在一起。而在探討喪葬儀禮中的種種禁忌事象時，即需從人們對於屍體之反
感，以及對鬼魂之恐懼來觀察。

　　劉枝萬於〈中國殯送儀禮所表現之死靈觀〉一文中，對於喪葬禮俗中禁
忌產生的原因，有極為精闢地歸納。他認為：

> 因何生者恐懼死人而欲忌避，就其原因，當可舉四端：（a）相信惡
> 靈或妖術等自然力量，可能對死靈引起任何作用。（b）死靈或許會
> 帶來危害、災難，威脅生人。（c）死人容貌，漸變醜陋難看，面目
> 皆非，尤以屍體腐敗，發生毒性，未免令人見之生厭。（d）明知人

〔註117〕〔法〕列維・布留爾著，丁由譯，《原始思維》，頁298〜299。
〔註118〕馬林諾夫斯基著，李安宅譯，《巫術・科學・宗教與神話》，收錄於李安宅譯
　　　　著，《巫術的分析》，頁111〜112。
〔註119〕石磊，〈喪葬儀式與社會結構〉，收錄於中華文化復興運動推行委員會編，《生
　　　　命禮俗研討會論文集》，頁119。

死必赴冥界，卻對其一無所悉，因而耽心。〔註120〕

若以這些角度來考察春秋、戰國時代喪葬習俗中所包含的禁忌事象，相信對這些禁忌的意義，才能夠有正確的瞭解；對當時人們面對喪葬時所持的心理因素，也更能充分地認識。

〔註120〕劉枝萬，〈中國殯送儀禮所表現之死靈觀〉，收錄於《中央研究院國際漢學會議論文集（民俗與文化組）》，頁118。

第六章　結　語

　　「禁忌」是人們為了避免某種臆想的超自然力量或危險所帶來的災禍，從而對某些人、物、言、行的自我迴避與限制。因此，透過前面對春秋、戰國時代生育及婚喪禁忌之敘述與討論，即可輕易地從這些禁忌事象中，瞭解當時人們在面對生育、婚姻及喪葬等人生重大事件時，內心世界的情況。

　　以生育禮俗而言，當時人們遵循著各種禁忌之目的，主要是希望能夠生兒育女，並藉此保障子女身體健康、前途無量，以及家族運道之昌盛；以婚姻禮俗而言，誠如《禮記・昏義》中所云：

　　　　昏禮者，將合二姓之好，上以事宗廟，而下以繼後世也。

婚姻禮俗之禁忌，即以此三項課題為主要追尋的目標；至於喪葬禮俗，其中各式各樣、琳琅滿目的禁忌，雖有表達人們慎終追遠的作用，但是喪葬禁忌主要是基於人們對死亡的恐懼、對死者屍體之厭惡，以及畏懼鬼魂侵擾作祟等因素所產生的。

　　因此，經由對春秋、戰國時代生育及婚喪禁忌之研究，不難發現隱藏在當時人們內心當中的吉凶禍福觀。

　　除了藉由對禁忌之探討與研究，可以透視春秋、戰國時代人們的心靈世界，亦可從其中觀察出這些禁忌的時代性。以下便試著由三方面對此加以敘述：

一、反映出當時的時代背景

　　春秋、戰國時代同是中國歷史上戰爭頻仍的時期，〔註1〕誠如王充於《論

〔註1〕據許倬雲之統計：春秋二百五十九年（722～464B.C.），《左傳》不記載戰事的年份只有三十八年；戰國二百四十二年（463～222B.C.），《史記》不記戰事的年份也只有八十九年（參見氏著，〈春秋封建社會的崩解和戰國社會的轉變〉，收錄於中國上古史編輯委員會編，《中國上古史・待定稿・第三本》，頁

衡‧譏日篇》中所云：

> 衰世好禁忌，不肖君好求福。〔註2〕

在這兵荒馬亂的時代裡，人們對戰爭的感受特別強烈。此反映在思想上，則有老莊等道家者流之絕聖棄智，以及墨家的兼愛非攻等學說之出現。至於，反映在人民日常生活上，則是各種形式的禁忌紛紛出籠。

《史記‧曆書》中曾云：

> 先王之正時也，履端於始，舉正於中，歸邪於終。履端於始，序則
> 不愆；舉正於中，民則不惑；歸邪於終，事則不悖。戰國並爭，在
> 於彊國禽敵，救急解紛而已，豈遑念斯哉？〔註3〕

王夢鷗對此解釋說：

> 這顯示爲著戰爭的關係，人們無心從事基本的學問；而所急者，都
> 只求旦夕之間如何能避凶趨吉。〔註4〕

由此可見，一般人因戰爭之迫害，日常所汲汲追求者，即是凡事能夠逢凶化吉、趨吉避凶。而此正是人們遵循各種禁忌的最主要目的。

因此，可以推測：春秋、戰國時代社會上充斥著各式各樣的禁忌，正可表現人們對當時戰爭頻仍之無力感，故唯有寄託於消極地遵守禁忌之規定，以祈避禍邀福。此外，也可從當時流行的禁忌事象，亦可觀察出當時社會動盪不安的情況。

所以，從春秋、戰國時代生育、婚姻，以及喪葬禮俗中之禁忌，的確可以反映出當時之時代背景。

二、人文思想與禁忌的結合

無庸諱言的，禁忌的產生與原始宗教之靈魂崇拜、鬼神信仰有著極爲密切的關係。

然而，經過夏、商、周三代之朝代興衰革命，人文主義的思想逐漸形成，並成爲中國傳統思想中的要素之一。誠如林明峪於《臺灣民間禁忌》一書中所說的：

596）。
〔註2〕 黃暉，《論衡校釋》，頁991。
〔註3〕 瀧川龜太郎，《史記會注考證》，頁459。
〔註4〕 王夢鷗，〈陰陽五行家與星歷及占筮〉，收錄於中國上古史編輯委員會編，《中國上古史‧待定稿‧第四本》，頁527。

由於我國人文思想與道德情操，早在春秋戰國之際已臻成熟，因此
殷商周初以降尚鬼崇神的觀念，在上流士大夫中間乃逐漸沖淡而得
到取代。從此禮俗的寢染與道德的滲透，乃將習俗中的禁忌成份改
換成另一種面貌。〔註5〕

禁忌在鬼神信仰的內容上，逐漸地溶入了人文思想的因子。而禁忌便在知識
分子的道德化、義理化之後，以「禮」的形式出現在人們的日常生活中。

李澤厚曾說：

（周禮）的一個基本特徵，是原始巫術禮儀基礎上晚期氏族統治體
系的規範化和系統化。〔註6〕

而其中所謂的「原始巫術禮儀」，絕大部分即是屬於禁忌的範疇。由此，正足
以反映出《周禮》、《儀禮》、《禮記》中許多禮儀的內容，實際上是知識分子
們將原有的禁忌道德化、義理化、規範化和系統化之下所產生的。

而這些禮儀與禁忌最大不同之處，便是在其中滲入了人文思想的因素。
此一觀點，也是在探討春秋、戰國時代之禁忌時，應當予以注意的特點。

三、禁忌流傳形態的轉變

錢穆曾經指出：

清代有一學者汪中容甫，他有一本文集《述學》，裡面有一篇講到春
秋時代種種禮俗，如他們講的天道、鬼神、災祥（災異同祥瑞）、卜
筮、夢、其他，都是極有趣而且亦有參考之用。汪容甫根據《左傳》，
說這些都是當時的實際情形，可見當時的社會風氣。到了戰國以後，
中國社會大變，這許多所謂天道、鬼神、災祥、卜筮、夢等大批在
《左傳》裡很多的記載，而戰國以後便慢慢少了。〔註7〕

錢氏認為「戰國以後，中國社會大變」，所言甚是。然而他以為「天道、鬼神、
災祥、卜筮、夢等大批在《左傳》裡很多的記載，而戰國以後便慢慢少了」，
則值得商榷。

有關「天道、鬼神、災祥、卜筮、夢」等題材，事實上即為禁忌的主要
內涵。在《左傳》中確實可以發現當時人們是極講究禁忌的；至於戰國時代，

〔註5〕林明峪，《臺灣民間禁忌》，〈引言〉，頁29。
〔註6〕李澤厚，《中國古代思想史論》，頁8。
〔註7〕錢穆，《中國史學名著（一）》，頁44～45。

文獻中有關禁忌之記載也的確減少許多。然而，這並不代表著戰國時代禁忌的影響力在消沉之中。要想正確地解釋此一現象，還得從春秋、戰國時代禁忌流傳的形態來討論。

春秋、戰國是所謂「禮壞樂崩」的一個時期。然而，春秋時代，禮壞樂崩的情況並不如戰國時代來得嚴重。因此，統治階級言禮者仍大有人在。而「禮」的許多內容，是由禁忌所轉化的。因此，春秋時代士大夫等貴族遵守禁忌的情形仍極為普遍。到了戰國時代，禮壞樂崩的情況愈形嚴重，貴族講究禮議、遵守禁忌者，相對地減少。因此，在文獻中有關禁忌的記載也就不明顯了。

然而，這並不意味著禁忌的影響力在衰退中。王夢鷗在討論陰陽五行學說時，曾經指出：

> 那些無論是春秋時人的遺說，或僅是戰國時人補充的新說，在這時期（戰國時代），都被紀錄成為定案，使原始「無定式」的占驗辭都成為固定的條文了。〔註8〕

關於這一論點，可由考古發掘出土的《日書》得到驗證。而在這些占驗的固定條文中，許多內容即屬禁忌的範疇。

將這些禁忌的內容予以固定化、條文化，正足以表示禁忌在人們心目中仍極為重要。雖然發現《日書》之墓主，均屬官吏身份，但是這些日禁之書的最主要功用，是做為官吏們為政治民時的必備工具。〔註9〕由此可見禁忌在一般人民日常生活上，仍是佔有舉足輕重的地位。

所以，禁忌在春秋時代，主要是流傳於貴族階層中；到了戰國時代禁忌的事象並沒有減少，只不過是流傳於一般平民社會之中，不易察覺出來罷了。這正是春秋、戰國時代禁忌流傳形態之不同處。

總而言之，無論是從禁忌的內容，或是演變的過程來考察，春秋、戰國時代都是一個極為重要的時期；而從禁忌的內容與演變，又可看出當時社會變遷的情形。因此，從禁忌的角度來探討春秋、戰國時代的歷史，不但對閱讀和整理古籍時能夠增加另一種思考模式，有助於研究當時的風俗與人民心理；而且對探索古代社會制度與社會發展的進程，也有極大的幫助。這些正都是本文研究此一課題之目的所在。

〔註 8〕 同註4，頁531。

〔註 9〕 林劍鳴，〈《日書》與秦漢時代的吏治〉，《新史學》第二卷第二期，頁38。

參考書目

古籍部分

1. 《周易》(《十三經注疏本》),臺北:藝文印書館,1989 年十一版。
2. 《尚書》(《十三經注疏本》),臺北:藝文印書館,1989 年十一版。
3. 《詩經》(《十三經注疏本》),臺北:藝文印書館,1989 年十一版。
4. 《周禮》(《十三經注疏本》),臺北:藝文印書館,1989 年十一版。
5. 《儀禮》(《十三經注疏本》),臺北:藝文印書館,1989 年十一版。
6. 《禮記》(《十三經注疏本》),臺北:藝文印書館,1989 年十一版。
7. 《公羊傳》(《十三經注疏本》),臺北:藝文印書館,1989 年十一版。
8. 《論語》(《十三經注疏本》),臺北:藝文印書館,1989 年十一版。
9. 《孝經》(《十三經注疏本》),臺北:藝文印書館,1989 年十一版。
10. 《孟子》(《十三經注疏本》),臺北:藝文印書館,1989 年十一版。
11. 《國語》,上海師範大學古籍整理研究所校點,上海:上海古籍出版社,1988 年。
12. 《孔叢子》(《四部叢刊正編,017》),臺北:臺灣商務印書館,1979 年。
13. 《晏子春秋集釋》,吳則虞,臺北:鼎文書局,1977 年再版。
14. 《莊子集解》,清·郭慶藩,臺北:世界書局,1990 年十三版。
15. 《墨子集解》(嚴靈峰編,《無求備齋墨子集成》本),張純一,臺北:成文出版社,1975 年。
16. 《荀子集解》(嚴靈峰編,《無求備齋荀子集成》本),清·王先謙,臺北:成文出版社,1977 年。
17. 《呂氏春秋校釋》,陳奇猷,上海:學林出版社,1990 年初版二刷。

18. 《戰國策》，漢・劉向集錄，臺北：里仁書局，1982 年。

19. 《韓非子集解》（嚴靈峰編輯，《無求備齋韓非子集成》本）清・王先慎，臺北：成文出版社，1980 年。

20. 《韓詩外傳今註今譯》，賴炎元註譯，臺北：臺灣商務印書館，1991 年六版。

21. 《大戴禮記解詁》，清・王聘珍，臺北：漢京文化，1987 年。

22. 《新書校注》，漢・賈誼撰，閻振益、鍾夏校注，北京：中華書局，2000 年。

23. 《史記會注考證》，漢・司馬遷著，〔日〕瀧川龜太郎考證，臺北：萬卷樓，1993 年。

24. 《列女傳（全）》，漢・劉向撰，清・梁端校注，臺北：中華書局，1987 年臺八版。

25. 《風俗通義校注》，漢・應劭撰，王利器注，臺北：漢京文化，1983 年。

26. 《漢書》（楊家駱主編，《中國學術類編》本），漢・班固撰，臺北：鼎文書局，1984 年三版。

27. 《說文解字注》，漢・許慎著，清・段玉裁注，臺北：漢京文化，1985 年。

28. 《論衡校釋》，漢・王充著，黃暉校釋，北京：中華書局，1990 年。

29. 《駁五經異義》（《景印文淵閣四庫全書，第 182 冊》），漢・許慎異義，漢・鄭玄駁，臺北：臺灣商務印書館，1983 年。

30. 《楚辭章句補注》，漢・劉向編，漢・王逸章句，宋・洪興祖補注，臺北：世界書局，1978 年。

31. 《三國志》（楊家駱主編，《中國學術類編》本），晉・陳壽，臺北：鼎文書局，1983 年二版。

32. 《後漢書》（楊家駱主編，《中國學術類編》本），南朝宋・范曄，臺北：鼎文書局，1983 年二版。

33. 《孔子家語疏證》，清・陳士珂輯，上海：上海書店，1987 年。

34. 《褚氏遺書》（《景印文淵閣四庫全書，第 734 冊》），南齊・褚澄，臺北：臺灣商務印書館，1983 年。

35. 《詩緝》，宋・嚴粲，臺北：廣文書局，1989 年四版。

36. 《婦人大全良方》（《景印文淵閣四庫全書，第 742 冊》），宋・陳自明，臺北：臺灣商務印書館，1983 年。

37. 《禮記集說》（《景印文淵閣四庫全書，第 118 冊》），宋・衛湜，臺北：臺灣商務印書館，1983 年。

38. 《齊東野語》（《景印文淵閣四庫全書，第 865 冊》），宋・高密，臺北：臺灣商務印書館，1983 年。

39. 《雲笈七籤》，宋・張君房輯，齊魯書社，1988 年。

40. 《通志》，宋・鄭樵，臺北：臺灣商務印書館，1987 年。

41. 《七國考訂補》，明・董說著，繆文遠訂補，上海：上海古籍出版社，1987年。

42. 《本草綱目》（《景印文淵閣四庫全書，第 774 冊》），明・李時珍，臺北：臺灣商務印書館，1983 年。

43. 《日知錄集釋》（《四部備要・子部〔403〕》），清・顧炎武著，清・黃汝成集釋，臺北：中華書局，1966 年。

44. 《尚書大傳疏證》（《尚書類聚初集〔8〕》），清・皮錫瑞，臺北：新文豐出版公司，1984 年。

45. 《楚辭拾遺》（杜松柏主編，《楚辭彙編〔7〕》），清・陳直撰，臺北：新文豐出版公司。

46. 《禮記集解》，孫希旦，臺北：文史哲出版社，1988 年三版。

47. 《白虎通疏證》，清・陳立撰，吳則虞點校，北京：中華書局，1994 年。

專著部分

1. 于省吾，《甲骨文字釋林（全）》，臺北：大通書局，1981 年。

2. 文崇一，《楚文化史》，臺北：東大圖書公司，1990 年。

3. 中國社會科學院考古研究所編，《信陽楚墓》，北京：文物出版社，1986年。

4. 中國社會科學院考古研究所編輯，《江陵雨台山楚墓》，北京：文物出版社，1984 年。

5. 中國社會科學院考古研究所編，《中國考古學中碳十四年代數據集，1965～1991》，北京：文物出版社，1992 年。

6. 王泉根，《華夏姓名面面觀》，南寧：廣西人民出版社，1992 年一版二刷。

7. 王獻忠，《中國民俗文化與現代文明》，北京：中國書店，1991 年。

8. 【日】白川靜著，王巍譯，《中國古代民俗》，瀋陽：春風文藝出版社，1991年。

9. 甘肅省文物考古研究所編，《秦漢簡牘論文集》，蘭州：甘肅人民出版社，1989 年。

10. 【英】弗雷澤著，汪培基譯，《金枝》，臺北：久大・桂冠，1991 年。

11. 【英】弗雷澤著，李安宅譯，《交感巫術的心理學》，收錄於李安宅著譯，《巫術的分析》，成都：四川人民出版社，1991 年。

12. 任騁，《中國民間禁忌》，北京：作家出版社，1991 年。

13. 【日】伊藤清司著，劉曄原譯，《山海經中的鬼神世界》，北京：中國民間

文藝出版社，1990 年。

14. 西安半坡博物館編，《半坡仰韶文化縱橫談》，北京：文物出版社，1988年。

15. 【法】列維・布留爾著，丁由譯，《原始思維》，北京：商務印書館，1987年。

16. 朱情牽，《老子校釋》（《老子校譯》本），臺北：里仁書局，1985 年。

17. 朱駿聲，《說文通訓定聲》，臺北：藝文印書館，1966 年。

18. 李中生，《中國語言避諱習俗》，西安：陝西人民出版社，1991 年。

19. 李玉潔，《先秦喪葬制度研究》，鄭州：中州古籍出版社，1991 年。

20. 李甲孚，《中國古代的婦女生活》，臺北：黎明文化事業公司，1978 年。

21. 李甲孚，《中國古代的女性》，臺北：黎明文化事業公司，1978 年。

22. 李玄伯，《中國古代社會新研》，上海：上海文藝出版社，1988 年影印。

23. 李安宅，《巫術的分析》，成都：四川人民出版社，1991 年。

24. 李安宅，《儀禮與禮記之社會學的研究》，成都：四川人民出版社，1991年。

25. 李零，《長沙子彈庫戰國楚帛書研究》，北京：中華書局，1985 年。

26. 李緒鑒，《民間禁忌與惰性心理》，臺北：博遠出版社，1990 年。

27. 吳寶良、馬飛，《中國民間禁忌與傳說》，北京：學苑出版社，1990 年。

28. 佛洛伊德著・楊庸一譯，《圖騰與禁忌》，臺北：志文出版社，1990 年二版。

29. 宋兆麟、黎家芳、杜耀西，《中國原始社會史》，北京：文物出版社，1983年。

30. 宋兆麟，《生育神與性巫術研究》，北京：文物出版社，1990 年。

31. 宋德胤，《孕趣——生育習俗探微》，北京：中國青年出版社，1992 年。

32. 何新，《中國遠古神話與歷史新探》，哈爾濱：黑龍江教育出版社，1988年。

33. 呂大吉主編，《宗教學通論》，北京：中國社會科學出版社，1990 年一版二刷。

34. 呂思勉，《中國制度史》，臺北：丹青圖書公司，1986 年臺一版。

35. 周一謀、蕭佐桃主編，《馬王堆醫書考注》，臺北：樂群文化事業公司，1989年。

36. 尚秉和，《歷代社會風俗事物考》，上海：上海文藝出版社，1989 年影印。

37. 林明峪，《臺灣民間禁忌》，臺北：聯亞出版社，1981 年三版。

38. 林惠祥，《文化人類學》，臺北：臺灣商務印書館，1981 年臺七版。

39. 林壽晉編著，《半坡遺址綜述》，香港：中文大學出版社，1981 年。

40. 金良年，《姓名與社會生活》，臺北：文津出版社，1980 年。

41. 胡厚宣，《甲骨學商史論叢，初集（上）》，臺北：臺灣大通書局，1972 年。

42. 胡厚宣，《甲骨學商史論叢，初集（下）》，臺北：臺灣大通書局，1972 年。

43. 高亨，《詩經今注》，上海：上海古籍出版社，1980 年。

44. 高洪興、徐錦鈞、張強等編，《婦女風俗考》，上海：上海文藝出版社，1991 年。

45. 祝平一，《漢代的相人術》，臺北：學生書局，1990 年。

46. 徐華龍，《國風與民俗研究》，北京：中國民間文藝出版社，1988 年。

47. 馬王堆漢墓帛書整理小組編，《馬王堆漢墓帛書【肆】》，北京：文物出版社，1985 年。

48. 【英】馬林諾夫斯基著，李安宅譯，《巫術‧科學‧宗教與神話》，收錄於李安宅著譯，《巫術的分析》，成都：四川人民出版社，1991 年。

49. 馬曉宏，《天‧神‧人——中國傳統文化中的造神運動》，臺北：雲龍出版社，1991 年臺一版。

50. 恩斯特‧卡西勒著，甘陽譯，《人論》，臺北：桂冠圖書公司，1990 年。

51. 烏丙安，《中國民俗學》，瀋陽：遼寧大學出版社，1988 年一版二刷。

52. 袁珂，《山海經校注》，臺北：里仁書局，1982 年。

53. 梁啓超，《中國文化史（社會組織篇）》，收錄於氏著，《飲氷室專集（六）》，臺北：臺灣中華書局，1978 年。

54. 商承祚，《長沙古物聞見記》，臺北：文海出版社，1971 年。

55. 陳來生，《中國禁忌》，臺北：萬象圖書，1991 年。

56. 陳樂平，《出入「命門」——中國醫學文化學導論》，上海：上海三聯書店，1991 年。

57. 陳熾彬，《左傳中巫術之研究》，國立政治大學中文研究所博士論文，1989 年。

58. 陳顧遠，《中國婚姻史》，上海：上海文藝出版社，1987 年影印。

59. 張寅成，《戰國秦漢時代的禁忌——以時日禁忌爲中心》，國立臺灣大學歷史研究所博士論文，1992 年。

60. 張濤，《中國古代婚姻》，濟南：山東教育出版社，1990 年。

61. 郭立誠，《中國生育禮俗考》，臺北：文史哲出版社，1979 年。

62. 郭沫若，《甲骨文字研究》，臺北：明文出版社，未註明出版時間。

63. 陶立璠，《民俗學概論》，北京：中國民族學院出版社，1987 年。

64. 湖北省荊州地區博物館，《江陵馬山一號楚墓》，北京：文物出版社，1985

年。

65. 黃展岳,《中國古代的人牲人殉》,北京:文物出版社,1990 年。

66. 傅斯年,《性命古訓辨證》,收錄於《傅斯年全集,第二冊》,臺北:聯經出版社,1980 年。

67. 楊伯峻,《春秋左傳注》,臺北:漢京文化,1987 年。

68. 楊宗、轟嘉恩、郭全盛主編,《中國實用禁忌大全》,上海:上海文化出版社,1991 年。

69. 楊寬,《古史新探》,北京:中華書局,1965 年。

70. 趙建偉,《人世的“禁區”——中國古代禁忌風俗》,西安:陝西人民教育出版社,1988 年。

71. 聞一多,《神話與詩》,收錄於朱自清等編,《聞一多全集（一）》(《民國叢書,第三編〔90〕》),上海:上海書店,1991 年。

72. 睡虎地秦墓竹簡整理小組編,《睡虎地秦墓竹簡》,北京:文物出版社,1990 年。

73. 鄭德坤、沈維鈞,《中國明器》,上海:上海文藝出版社,1992 年影印。

74. 鄭慧生,《上古華夏婦女與婚姻》,開封:河南人民出版社,1988 年。

75. 鄧偉志,《唐前婚姻》,上海:上海文藝出版社,1988 年。

76. 蔣天樞,《楚辭校釋》,上海:上海古籍出版社,1989 年。

77. 劉光義,《古典籍中所凸顯的貴族婚姻》,臺北:臺灣商務印書館,1990 年。

78. 劉師培,《劉申叔先生遺書》,臺北:大新書局,1965 年。

79. 羅振玉,《羅雪堂先生全集,初編》,臺北:文華出版社,1968 年。

80. 饒宗頤、曾憲通編著,《楚帛書》,香港:中華書局,1985 年。

81. 【英】靄理士著,潘光旦譯注,《性心理學》,北京:生活·讀書·新知三聯書店,1988 年第 1 版第 3 次印刷。

論文期刊部分

1. 汪章才,〈周代喪制概略〉,《史地學報》第三卷第五期,1925 年。

2. 馮友蘭,〈儒家對于婚喪祭禮之理論〉,《燕京學報》第三期,1928 年。

3. 錢穆,〈論古代對於鬼魂及喪祭之觀念〉,《責善半月刊》第二卷第二十期,1942 年。

4. 屈萬里,〈諡法濫觴於殷代論〉,《中央研究院歷史語言研究所集刊》第十三本,1948 年。

5. 陳公柔,〈士喪禮、既夕禮中所記載的喪葬制度〉,《考古學報》1956 年第

四期。

6. 楊景鸘，〈方相氏與大儺〉，《中央研究院歷史語言研究所集刊》第三十一本，1960 年。

7. 安志敏、陳公柔，〈長沙戰國繒書及其有關問題〉，《文物》1963 年第九期。

8. 黃展岳，〈我國古代的人殉和人牲——從人殉、人牲看孔丘“克己復禮”的反動性〉，《考古》1974 年第三期。

9. 李濟，〈俯身葬〉，《李濟考古學論文選集》，臺北：聯經出版社，1977 年。

10. 吳榮曾，〈鎮墓文中所見到的東漢道巫關係〉，《文物》1981 年第三期。

11. 郭沫若，〈先秦天道觀之進展〉，收錄於氏著，《青銅時代》（《郭沫若全集，歷史編，第一卷》），北京：人民出版社，1982 年。

12. 王克林，〈試論我國人祭和人殉的起源〉，《文物》1982 年第二期。

13. 顧頡剛，〈由“烝”、“報”等婚姻方式看社會制度的變遷（上）（下）〉，《文史》14、15 輯，1982 年。

14. 王桂鈞，〈《日書》所見早期秦俗發微——信仰、習尚、婚俗及貞節觀〉，《文博》1984 年第四期。

15. 郭大順、張克舉，〈遼寧省喀左縣東山嘴紅山文化建築群址發掘簡報〉，《文物》1984 年第十一期。

16. 俞偉超等，〈座談東山嘴遺址〉，《文物》1984 年第十一期。

17. 許倬雲，〈春秋封建社會的崩解和戰國社會的轉變〉，中國上古史編輯委員會編，《中國上古史，待定稿，第三本》，臺北：中央研究院歷史語言研究所，1985 年。

18. 王夢鷗，〈陰陽五行家與星歷及占筮〉，中國上古史編輯委員會編，《中國上古史，待定稿，第四本》，臺北：中央研究院歷史語言研究所，1985 年。

19. 李學勤，〈睡虎地秦簡《日書》與楚、秦社會〉，《江漢考古》1985 年第四期。

20. 許嘉璐，〈先秦婚姻史說略（上）〉，《文史知識》1986 年第六期。

21. 李曉東、黃曉芬，〈從《日書》看秦人鬼神觀及秦文化特徵〉，《歷史研究》1987 年第四期。

22. 李新霖，〈從荀子禮論篇探喪禮之人文精神〉，《臺北工專學報》第二十一期，1988 年。

23. 李衡眉，〈論周代的“同姓不婚”禮俗〉，《齊魯學刊》1988 年第五期。

24. 盧央、邵望平，〈考古遺存中所反映的史前天文知識〉，中國社會科學院考古研究所編，《中國古代天文文物論集》，北京：文物出版社，1989 年。

25. 王震中，〈東山嘴原始祭壇與中國古代的社崇拜〉，《先秦、秦漢史》1989 年第一期。

26. 李炳海，〈中國上古時期的招魂儀式〉，《世界宗教研究》1989 年第二期。

27. 吳小強，〈試論秦人婚姻家庭生育觀念〉，《中國史研究》1989 年第三期。

28. 羅漫，〈桃、桃花與中國文化〉，《中國社會科學》，1989 年第四期。

29. 李衡眉，〈昭穆制度與周人早期婚姻形式〉，《歷史研究》1990 年第二期。

30. 李衡眉，〈周代婚姻禁忌述略〉，《人文雜誌》1990 年第六期。

31. 林劍鳴，〈《日書》與秦漢時代的吏治〉，《新史學》第二卷第二期，1991 年。

32. 蔣衛東，〈“鎮墓獸”意義辨〉，《江漢考古》1991 年第二期。

33. 朱禎，〈《易經》中關於殷周之際的婚姻制度〉，《殷都學刊》1991 年第三期。

34. 朱建軍，〈氏族內婚禁忌探源〉，《中國社會科學》1991 年第四期。

35. 李學勤，〈睡虎地秦簡中的《艮山圖》〉，《文物天地》1991 年第四期。

36. 薛理勇，〈試論春秋媵制〉，《江漢論壇》1991 年第八期。

37. 宋秀麗，〈春秋婚制考述〉，《貴州社會科學》1991 年第十期。

38. 王泉根，〈兩周時代取名風俗初探〉，上海民間文藝家協會編，《中國民間文化（第七集）——人生禮俗研究》，1992 年。

39. 歐陽宗書，〈合二姓之好，傳祖宗血脈——從家譜透視中國古代宗族婚姻〉，上海民間文藝家協會編，《中國民間文化（第七集）——人生禮俗研究》，1992 年。

40. 徐吉軍，〈從喪葬習俗看中國人的生命觀〉，上海民間文藝家協會編，《中國民間文化（第七集）——人生禮俗研究》，1992 年。

41. 陳允金，〈浙江義烏山區生養習俗與禁忌〉，上海民間文藝家協會編，《中國民間文化（第七集）——人生禮俗研究》，1992 年。

42. 薛觀濤，〈試論我國古代土葬葬式的共同性和俯身葬的特殊性——兼評鄭若葵《商代的俯身葬》〉，《考古與文物》1992 年第二期。

43. 胡新生，〈周代殯禮考〉，《中國史研究》1992 年第三期。

44. 戴春陽，〈秦墓屈肢葬管窺〉，《考古》1992 年第八期。

45. 常金倉，〈先秦禮儀風俗的演化規律〉，《北方論叢》1993 年第一期。